シックスクールのおもな原因と対策1（校舎）

教　室 →本文 81〜93ページ

発症の原因：ワックスの有機リン剤／机や椅子の〔塗料〕／カーテンやじゅうたんの難燃剤／教科書・〔ノート〕のインクの有機溶剤／文具の有機溶剤など

対策：常時換気をする／接着剤・難燃剤を使わない〔／〕天然素材を使った代替品に替えるなど

工作〔室〕

⚠〔発症の原因：〕すべ〔…〕
✚〔対策：〕られ〔…〕

トイレ →本文 105ページ
⚠ 発症の原因：消臭剤・芳香剤・洗剤
✚ 対策：換気をするなど

理科室 →本文 95ページ
⚠ 発症の原因：化学薬品
✚ 対策：換気をする／頑丈な薬品保管庫をつくる／薬品の栓をしっかり閉め揮発を防ぐなど

知っていますか？
シックスクール
化学物質の不安のない学校をつくる

近藤 博一 著

この本を読んで、子どもたちの実情を理解してほしい──推薦の言葉

ニューヨーク大学のドリス・ラップ小児科教授が、学校内の空気汚染化学物質による健康障害に子どもたちが悲鳴を上げている状況に「シックスクール」という名称を提出してから、かれこれ20年が経っている。日本でも、文部科学省から各教育委員会、学校長宛に「このような非常に敏感な子どもたちに配慮するように」との通達が出されている。しかし、事態はどれほど改善されたのであろうか。空調付きの室内で働いていてもシックハウス症候群が出ている。多くの学校にはこの空調さえない。

著者の近藤博一さんは、すでに2005年（平成17）にシックスクールについて警鐘を鳴らす報告書を勤務先である群馬県の教育委員会に提出しており、私も臨床医の立場から推薦させていただいた。今回、刊行される本書は、患児の現場の視点からの書である。しっかりと書きこんであり、私も勉強になった。感受性の高い子どもたちにとって有害な化学物質を除くことは、他の子どもたちを守ることにもなる。この本を読んで、子どもたちの実情を理解してほしい。

北里大学名誉教授・そよ風クリニック院長　宮田幹夫

■ はじめに

「シックスクール」とは、学校の建材に含まれる薬剤や工事などに使われる溶剤、床に塗られたワックス、花壇に散布された農薬などに反応して、頭痛、吐き気、イライラや不安など、様々な心身症状が現われることです。そのたとえその名称を知っていても、発症した子どもたちの苦しみは、ほとんど理解されていないのが現実です。そこで本書では、シックスクールについて知っていただくために、以下のことをまとめました。

第1章「シックスクールを理解する」では、なぜ発症するのか、どのような症状が出るかなど、シックスクールについての基礎知識を紹介します。

第2章「誰に、どう相談する？〜理解の輪を広げる〜」では、シックスクール対策を始めるために、関わってもらいたい人や組織について扱います。シックスクール対策は、担任や養護教諭、管理職からクラスメートの保護者まで、多くの人の理解と協力を得ることがとても大切です。それぞれの立場や何ができるかについて、わかっておく必要があります。

第3章「シックスクール対策百科〜シックスクールは防げる〜」では、実践的なシックスクール対策について扱います。教室や理科室といった場所別、教科書や文具といった物品別、あるいは行事別といった、学校生活の中で想定できる場面ごとに具体的な対策を述べました。

私が初めて、シックスクール問題を知ったのは、ある学校で起きた二つの事件でした。

一つは、床にワックスを塗ったことから体調が悪化し、教室や体育館に入れなくなった児童がいたこと、もう一つは、運動会の1カ月も前に散布された除草剤に反応してしまい、運動会当日に校庭にいられなくなった保護者がいたことでした。

はじめに

ワックスや除草剤は、より良い学校環境の中で児童生徒に学習してもらいたいと考え、公費の中から購入したものです。その仕事には主に、私のような事務職員があたっています。除草剤を撒いて草一本生えない"きれいな校庭"は気持ちがいいでしょう。ワックスを塗った"きれいな校舎"での運動会は素晴らしいものでしょう。そう信じて、教育現場にふさわしい環境整備をしていることに満足していました。しかし事態は、思ったよりも深刻でした。

どうしてこのようなことが起きるのか。現状の認識から始めて、対策まで考える研究をすることになり、その日集まった8校中の4校で、同じような子どもがいることがわかったのです。

"シックスクール"が、これからのテーマだね」

身の引き締まるような思いを感じながら、その日私は、「スクールエコロジー研究会」の代表になりました。シックスクールについて研究を進めている時に知り合った、青山美子医師（青山内科小児科）が、ある日、私を呼んでこう言いました。

「近藤さん、この子の話を聞いて」

シックスクールを発症したという女子高生は、学校での生活をひと通り話してくれた後、感情の高ぶりを抑えきれないようにして

「学校ではどうして、毒だとわかるもの（ワックス）を、生徒に素手で塗らせるのですか」

と訴えたのです。私はその勢いにおされて、こう答えました。

「私が、この現実を変えるから」

今思えば、この時に自分が言ったことの責任を果たすために、本書を執筆したのかもしれません。本書によりシックスクールへの「理解」が進むことで、学校環境が少しでも改善することを願っています。

近藤博一

『知っていますか？ シックスクール』

目次

推薦の言葉 1
はじめに 2

第1章 シックスクールを理解する

1 シックスクールとは?
　初まりは「シックビルディング症候群」……………………………12
　日本では「シックハウス症候群」で知られるように……………………13
　シックハウス症候群は学校でも…………………………………14
　学校で起きる健康被害「シックスクール」………………………15
　すぐには発症しない………………………………………17
　1人が発症したら学校全体の問題………………………………18
　校舎を建て替えたら、学校が"荒れた"……………………………19

2 どんな症状があるの?
　これも、シックスクール?……………………………………20
　いつ、誰が発症してもおかしくない………………………………22

目次

第 2 章　誰に、どう相談する？ ～理解の輪を広げる～

1 効果的な相談先と方法とは？
　学校は安心できる場所でなければ 37
　「予防原則」にのっとった学校を！ 39
　「マイアミ宣言」と「エコチル調査」 39

5 対策はできるの？
　農薬への認識が甘すぎる 34
　他にも危険な物品はたくさんある 35
　「農薬」と「ワックス」を疑おう 35

4 発症の原因にはどんなものがあるの？
　胎児の時から影響を受ける 33
　発症する人としない人がいるのはなぜ？ 32
　子どもは大人より限界ラインに達しやすい 31
　子どもは大人の２倍以上の空気を吸っている 30
　化学物質は床にたまりやすい 28
　空気から吸い込む場合が８割 27

3 なぜシックスクールになるの？ 26
　心因性と診断されることも 24

2 担任教諭の場合
　相談先の役割を理解しよう………44
　理解してもらうのが一番の近道………45

3 養護教諭の場合
　理解を深めてもらう働きかけを………49
　保護者と担任教諭との連携が大事………50
　児童生徒の健康状態をいつも把握………51

4 管理職の場合
　不得意分野があることも理解する………54
　児童生徒の健康に必要な指導を行なう………55

5 学校医・かかりつけ医・保健所の場合
　教育は受ける側のためにある………56
　学校管理の最終責任者………58

6 学校事務職員の場合
　受診前に曝露の可能性をチェック………59
　身体検査などの健康管理を行なう………60

7 用務員の場合
　学校で使用する物品の購入役………62
　知識を得て参加してもらう役割………64
　施設管理を行なう役割………65
　手が回らないくらいがちょうどいい………66

目次

8 PTA役員の場合
　対策メンバーに参加してもらう………………67

9 教育委員会の場合
　対策には複数の部署がかかわる………………68

10 議員・患者の会の場合
　思い悩んだら声を届けてみる…………………69

第3章 シックスクール対策百科～シックスクールは防げる～

◎まず始めてほしい3つの対策
　ワックスをやめる……………………………72
　学校敷地内では農薬を使わない……………76
　農薬を浴びない通学路を……………………77

PART1・場所別

◎教室・廊下
　床のワックス　81
　壁紙　83
　机・椅子　84
　ガラス　85
　黒板　87
　ロッカー・書棚・配膳台　88
　カーテン　89
　電子機器　90
　換気扇・給気口　91

◎特別教室
　理科室　95
　音楽室　96
　被服室・調理室　97
　工作室・絵画室・美術室　98

視聴覚室 99
パーソナル・コンピュータ室 101
図書室 104
トイレ 105
体育館 108
保健室 109
給食室・ランチルーム 111
職員室・事務室 112
教材・教具室 113
印刷室と印刷物 114

◎玄関
下駄箱・スノコ 116
傘立てと傘 117
保管庫と遊具 118
鉢花 118
夜間の排気・換気 119

◎校庭
校庭の雑草 121
桜・松などの樹木 123
芝生・学校園 127
蜂への対応 128

◎通学路
畑・田んぼ・休耕地がある場合 129
公園・緑地帯がある場合 130
工場・店舗などがある場合 131
工事中の場合 132
都市部の場合 133
通学用のバス・電車 134
駐車場とその周辺 135

◎家
家具などの調度品 136
家電製品 137
携帯電話などの通信電子機器 138
洗面用品 139
衣料品 141
自家用車の選び方 145
住環境 146

◎PART2・教材別

◎教科書・文具類
教科書 148
ノート・プリント 151
マーカー（油性・水性・ホワイトボード用） 152
鉛筆・ボールペン 153
チョーク 153
セロハンテープ・両面テープ 154
ガムテープ 155
修正液 156

目次

◎教材・教具

- 糊・接着剤 157
- 版画インク・版画板 159
- 絵の具・ポスターカラー・クレヨン 162
- ニス 163
- 粘土 164
- 洗剤・石けん 164
- アイロン 165
- ボール 166
- 跳び箱 167
- マット 168
- 柔道場の畳 169
- 卓球台・ラケット 170
- 墨汁・墨 172

◎清掃用具

- 洗剤・スポンジ・掃除機 173
- ガラスクリーナー 174
- ゴミ箱 175

PART3・活動別

◎行事・生活

- 来校時の注意（文例）177
- 運動会 178
- 持久走大会・球技大会 180
- 水泳大会 180
- 写生大会 181
- 書き初め大会 182
- 部活動 182
- 火災時の避難 183

◎校外学習・体験学習

- 「使用化学物質チェックシート」を作る 186
- 施設へのお願い（文例）190
- 工場見学 189
- 農場見学 189
- 交通機関 188

◎学校の工事

- 塗装工事 193
- 修繕・改修工事 195
- 耐震工事 196
- ガラス清掃 197
- 日常的な修繕など 198

おわりに……200

コラム

- 微量でも発症する「化学物質過敏症」……16
- シックスクールの子どもたちの「声」……23
- 化学物質は脳にも影響する?……25
- 命がけで農薬の危険性を説いた梁瀬義亮医師……41
- 日本初、群馬県知事の大英断……42
- F☆☆☆☆とは……86
- ベイクアウトルームと展示室を新設しよう……100
- 植物・害虫マップを作ろう……126
- ラバーダイン事件……171

マンガ

- 学校に理解してもらうには?……47
- 学校以外の力を借りることも……48
- 子どもの不調はワックスが引き金?……74
- 1カ月前の除草剤でシックスクールに……78
- 図書室の机にもご用心!……106
- 冬に納入された百葉箱……124
- 新しい服を買った時……144
- こんな学校なら登校できる!……150
- こうして進める版画の授業……161

イラスト(1章):真貝有里/マンガ(2・3章):黒田いずま

第1章
シックスクールを理解する

1 シックスクールとは？

図1　シックビルディング症候群とは
ビル内では症状が出るのに、外へ出ると治まる

初まりは「シックビルディング症候群」

1980年代のアメリカやヨーロッパでは、石油などの燃料不足が叫ばれたことから、省エネ対策の切り札として高気密・高断熱の"省エネビル"が次々と建設されました。冷暖房の効率をよくするために建物の気密性を高め、暖めたり冷やしたりした空気を、ビル全体に循環させるようにしたのです。

ところがほどなくして、ビル内で働く人たちに、めまい、吐き気、頭痛、のどの痛みなど、さまざまな症状を訴える人が続出します。不思議なことに、それらの不快な症状はビルの中に入ると起こり、ビルから出ると治まったことから、「ビルによって起こる病気＝シックビルディング症候群 (Sick Building Syndrome)」と呼ばれるようになりました。

第1章　シックスクールを理解する

図2　シックハウス症候群とは
住宅にて化学物質などに汚染された空気を吸うことにより発症

日本では「シックハウス症候群」で知られるように

日本でも合板やボードなど、いわゆる新建材を使った住宅が登場し、住む人にシックビルディング症候群のような症状が現れる例が報告されるようになりました。化学物質、カビ、微生物などで汚染された室内の空気を吸うことにより、症状が起きることがわかり、1990年代には「シックハウス症候群（Sick House Syndrome）」の名で、一般的に知られるようになったのです。

2002年（平成14）に厚生労働省（以下、厚労省）は、その原因物質と考えられるホルムアルデヒドやトルエンなど、13種類の「揮発性有機化合物（Volatile Organic Compounds：以下、VOCs）」についての室内濃度指針値を示しました。また同年には、ICD-10という国際的な疾病分類に基づき、「シックハウス症候群」が、日本で正式に病名登録されています。

机・椅子など（合板、家具接着剤）、ビニールの壁紙、パーティクルボード、フローリング、断熱材など

美術用品、油性ニス、樹脂系接着剤、ワックス溶剤、可塑剤など

油性ペイント、樹脂塗料、ワックス溶剤、可塑剤

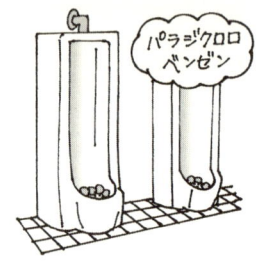
消臭剤、芳香剤、防虫剤など

接着剤、塗料の溶剤、希釈剤

樹脂塗料などに含まれる高分子化合物の原料

図3　VOCsの発生源となる可能性があるものの例
（出典：『学校環境衛生管理マニュアル』文部科学省、平成22年3月改訂）

シックハウス症候群は学校でも

学校でも、校舎の新築・増改築後にシックハウス症候群のような症状を示す例が出てきました。症状が起きる場所が学校であることから「シックスクール症候群(Sick School Syndrome)」と呼ばれるようになりました。

ただし、現在のところ文部科学省（以下、文科省）では、場所が学校であっても、シックハウス症候群と表現しています。同省発行の『学校環境衛生管理マニュアル』（平成22年3月改訂）によれば、「揮発性有機化合物は、比較的分子量の小さい有機化合物の総称でVOCs (Volatile Organic Compounds)といわれている。（中略）室内の建材や教材、塗料や備品等に含まれる各種揮発性有機化合物は、児童生徒等が学校で不快な刺激や臭気を感じ、状況によってシックハウス症候群の発生要因になるとされている。」と記されています。

また同マニュアルにはVOCsの発生源の例もあげられ、机や椅子、ワックス、油性ペイントなど多岐にわたっています。

第1章　シックスクールを理解する

学校でのみ発症する「シックスクール症候群」

化学物質が少しでもあれば発症する「化学物質過敏症」

図4　シックスクール症候群も化学物質過敏症も「シックスクール」

学校で起きる健康被害「シックスクール」

学校において化学物質に反応するパターンは、大きく2つに分けることができます。

(1)学校でのみ発症（シックスクール症候群）
学校の新築・増改築工事や、新しい机や椅子などの備品購入がきっかけで発症。それらの物品から揮発する化学物質が原因と考えられ、多くの児童生徒が、同時に体調の悪化を訴えることもある。

(2)化学物質が少しでもあれば発症（化学物質過敏症）

化学物質に、大量もしくは慢性的に曝されたことがきっかけで発症。化学物質による症状であることがはっきりとわかる児童生徒は少数であり、かつごく微量でも発症するため原因を特定しにくい。

(2)のケースは、「学校以外でも発症する」ため、シックスクールとは区別する考え方もあります。ですが本書では、(1)(2)のどちらも「シックスクール」ととらえ、学校でできる対策を考えていきます。学校という環境から有害な化学物質をできるだけ取り除くことで、症状が出る子を一人でも減らしたいからです。

15

COLUMN

微量でも発症する「化学物質過敏症」

　化学物質の大量もしくは慢性的な曝露（浴び続けること）がきっかけで発症します。同じ化学物質に曝露すると再び発症し、次第に慢性化する経過をたどることもあります。非常に微量の（ppb：10億分率、ppt：1兆分率というような）化学物質でも、日常生活に支障をきたすほど、激しい症状を示す化学物質過敏症の人も増えています。

　問題は、原因と考えられる物質が、アレルギーの原因物質として知られるものよりも広範囲にわたり、しかもはるかに低い濃度で発症することです。日本では、北里大学名誉教授の石川哲氏が提唱した「化学物質過敏症（Chemical Sensitivity：CS）」の名称で知られ、国際的には「多種化学物質過敏状態（Multiple Chemical Sensitivity：MCS）」と呼ばれることもあります。「シックハウス症候群」に続き、「化学物質過敏症」も2009年（平成21）10月1日に正式に病名登録されています。

　養護教諭としてシックスクール対策に長年かかわってこられた佐藤孝代氏はこう言います。

　「『（化学物質に）過敏な子どもがいないから』ではなく、『いつ発症するかもしれない』という危機感をもってとりくんでいく必要があります。化学物質は症状がまだ出なくても、暴露のたび、体に蓄積されていくからです。シックスクールとマスコミでいわれるのは、急性中毒による症状であり、少量でもくりかえし暴露すると、症状として自覚できない慢性の中毒症状があらわれていることがあります。（たんにつかれと思っていることもあるかも）」（2004年（平成16）12月14日、千歳市教育振興会事務部会教育講演会資料「安全な学校環境をつくるために」より）

　たとえ今、症状が出ている児童生徒がいなくても、何も手を打たずにいていいのではなく、もしかしたら発症するかもしれないという危機感をもって、対策に取り組まねばなりません。

第1章　シックスクールを理解する

図5　化学物質が蓄積されて発症する
排出できるうちは発症しない（左）が、排出しきれず蓄積されると発症（右）

すぐには発症しない

シックスクールの症状は、親も教師も、それどころか本人でさえ気付きにくい初期症状があります。また化学物質に曝されたからといって、すぐに誰にでもわかるようなはっきりとした症状が出るわけではありません。

私たちの体は、まわりの環境の変化を受けても、一定の状態に保とうとする働き（恒常性、ホメオスタシス）があります。そのため、たとえ有害な化学物質に曝されても、体は入ってきた物質を排出しようとするのです。

しかし初めのうちは排出できても、曝露が繰り返され、その人の解毒能力や抵抗力の限界（トータル・ボディ・ロード、p31参照）を超えてしまうと、様々な化学物質に反応し、目に見える症状として現れてきます。

本人にとってはつらい症状なのに、医師に診せても原因がつかみにくく「疲れ、ストレス」などで片付けられてしまうこともあります。

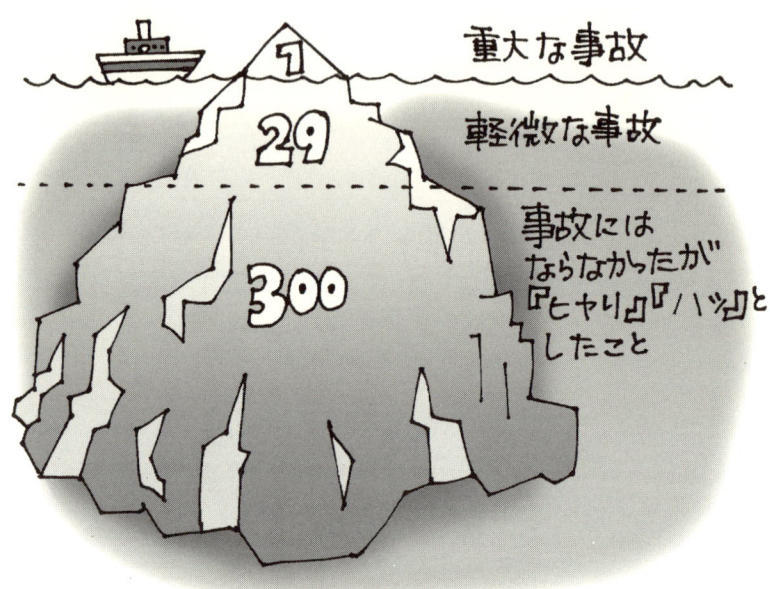

図6　「ハインリッヒの法則」
1つの重大事故の背後には29の軽微な事故があり、その背景には300の異常（「ヒヤリ・ハット」）が存在する

1人が発症したら学校全体の問題

労働災害における経験則に、「ハインリッヒの法則」と呼ばれるものがあります。これは、1つの重大事故・事件の背後に、数多くの「ヒヤリ・ハット（重大な災害や事故につながる一歩手前の、いつそこに直結してもおかしくないヒヤリとしたり、ハッとしたりした事例）」があるという法則です。

その法則に当てはめてみると、1人の児童生徒がシックスクールを発症したということは、その背後には29人の発症寸前の児童生徒がおり、さらに300人の発症予備軍が隠れているというイメージになります（300人とは、日本の平均的な小学校の全校児童数です）。シックスクールは発症した児童生徒個人の問題では、決して終わりません。実は学校全体の問題であると考えられるのです。

第1章　シックスクールを理解する

図7　校舎の新築で学校が荒れる？
木造校舎では問題がなかった子どもたちが、鉄筋コンクリート校舎では争いが絶えなくなった

校舎を建て替えたら、学校が"荒れた"

今から30年ほど前、私が勤務していた中学校での話です。木造校舎が老朽化し、鉄筋コンクリート校舎の建設が始まりました。すると、それまではほとんど問題のなかった学校でしたが、生徒同士のいさかいや暴力事件が頻繁に起こり始めました。真新しい校舎のガラスは割られ、授業中でも複数の生徒が金属バットを持って廊下を練り歩き、マスコミに報道されるような事件も起きました。しかし数年が経つと、生徒は落ち着きを取り戻し始めました。学力が向上し、運動部の成績も上がり、近隣では最も優秀な学校といわれるようになりました。

今、振り返ってみると子どもたちが荒れた背景に、新築校舎に充満していた化学物質の影響があったと思われてならないのです。荒れていた学校が落ち着いたのは教職員の指導の賜物であったことはまちがいありませんが、同時に時を経ることにより校舎からの化学物質の揮発が減ったことも、プラスに働いたのではないでしょうか。

2 どんな症状があるの？

図8 子どもたちの訴える症状

これも、シックスクール？

左ページの表1は、子どもが訴える症状や訴え方の例をまとめたものです。症状が実に様々であることが、わかっていただけると思います。この中の症状が1つだけのこともあるし、いくつもの症状が重なることもあります。とくに持病がないのに症状が出ているのであれば、シックスクールの可能性を疑ってみる必要がありそうです。

子どもは語彙が少なく表現力も乏しいので、大人が見極め、把握してやらねばなりません。子どもが激しく咳き込んでいたら、のどに何かをつまらせているのか、あわてて水を飲んで気管支に入ったのか、はたまた風邪かなど、いろいろな可能性を考えるはずです。これからはそこに「化学物質に曝露したのが原因ではないか」という視点も加えてほしいのです。子どもが発する言葉や体が示すメッセージから、本当に訴えたい「声」を聞き取ることができれば、シックスクールの早期発見につながります。

20

第1章　シックスクールを理解する

表1　様々な症状や訴え方の例

症状の出る場所	症状	子どもたちが訴える言葉・症状
自律神経系	目まい／疲れやすい／発汗／手足の冷え	フラフラする／ぐったりしている／汗をかく
神経系	頭痛／イライラ／うつ・不安／不定愁訴／不眠／キレやすい／集中力低下／思考力低下／言語混乱／幻覚	「頭が痛い」「嫌になった」「こわい」「眠れない」／むやみに体を動かし言動が荒れる、物を投げる／「先生大きらい」などと言い、物や人にあたる／勉強ができなくなる、長続きしない（特に算数などの論理的な思考が途中でとぎれる）／すぐにあちこち動きまわる／構音障害をおこし、意味不明の発音になる／「変な物を見た」
神経筋系	筋肉痛／関節痛／肩こり／運動障害／腰痛	「肩が痛い」「膝が痛い」「歩き方が変」「歩けない」／「腰が痛い」「（腰の辺りを指し）この辺が痛い」
感覚器系	視力低下／ピントがあわない／眼の疲れ／鼻血／においを感じにくい／聴力低下	「よく見えない」／目をしばしばさせる／強く長く眼を閉じる／「鼻血が出る」／「におわない」／「聞こえない」
呼吸器系	鼻づまり／咳・痰／のどの痛み／呼吸困難	いつも口を開け「鼻がつまる」／咳をする／「のどが変」「のどになにかつまっている」「のどが痛い」／呼吸が苦しくなり「息が吐けない、吸えない」「息ができない」
消化器系	下痢／便秘／吐き気／腰痛	「変なウンチが出る」「ウンチが出ない」／「気持ち悪い」
免疫系	風邪を引きやすい／アトピー性皮膚炎／じんましん／喘息	「この辺が痛い」／「かゆい」と言いボリボリ体を掻く

※子どもは症状を自覚できず黙っていることが多いと思われるので、大人が見て把握すること

図9　いつ、誰が落とし穴に落ちるかわからない

いつ、誰が発症してもおかしくない

　患者の方々の話を聞くと、化学物質に曝されることで現れる症状は、人によってそれぞれ違うことがわかります。「目の奥が重く痛い」といった軽度の症状から「ガーンと後ろから殴られたような」激しい頭痛まで、実に様々です。しかしその共通点は、多くの人にとって症状がまったく不意に出ることです。「ある日突然にやってきた」「まさか自分の子どもが発症するなんて考えもしなかった」と言う人、「突然、落とし穴に落ちた感じ」と言う人もいます。

　しかも発症後は、現在の医学では「症状が軽減することはあっても、完全に治ることはない」と言われています。いったん発症したら、その後はまた一つ症状がぶり返すかもしれないという不安とともに生きていくことになります。

　だからこそ、問題が生じる前から、シックスクール対策を始めなければなりません。日頃からリスクを減らすことに取り組んでいれば、発症を回避できるはずです。たとえ化学物質に過敏な児童生徒が転校してきても、あわてることなくその児童生徒を安心して通学させることができるのです。

COLUMN

シックスクールの子どもたちの「声」

●17歳・高校生（女）の話
発症の主な原因：農薬・ワックス
　「『頭蓋骨にヒビでも入っているかと思うほどの激しい頭痛』『目を閉じると立っていられないほどの目まい、立ちくらみ』『激しい下痢、突然の吐き気、突然のイライラ』『明け方まで眠れない日々』……どれも今まで経験したことのない症状」

●9歳・小学生（女）の話
　「ガーンと頭を殴られた感じ。頭がいつも痛く重い。ものが二重に見えることがある」

●10歳・小学生（女）の母親の話
　「引き算ができなくなった。集中力が続かない、気持ちが悪いといつも言う。突然、高笑いをすることがある」

●5歳・男の子の母親の話
　「頭が痛い、おなかが痛い、息苦しいと言う。子どもが正常でないと言われた」

●10歳と13歳の姉妹の母親の話
発症の主な原因：ワックス、農薬の空中散布
　「長女、次女とも下痢、それも普通ではない下痢が2週間続きました。学校で殺虫剤を撒かれて体調をくずし、徐脈にも。その後、神経症状も出ました。それまでは学年でもトップクラスの成績だったのに4～5行の詩も暗記できない」

　ここに挙げた子どもたちの多くは、当初は化学物質が原因であることがわからず、病院をたらい回しにされてきました。もちろん学校で症状が出るのは児童生徒だけではありません。教職員もまた心の病と診断されて「病気休暇」に入り、快復しないまま休職期間を終え、そのまま教職を去った場合もあるでしょう。その原因が化学物質であることを知っていれば、化学物質を上手に避けて健康を快復し、自身の貴重な経験をもとに、子どもたちを守れる教員になれたかもしれません。医療機関には「心の問題」と片付ける前に、慎重な判断をしていただくことを願っています。

図10　"心の問題"と診断される場合も

心因性と診断されることも

シックスクールの症状は多岐にわたるため、従来のように「おなかが痛いから内科」「二重に見えるので眼科」というように、症状に合わせて受診する科を選んでみても、はっきりとした診断結果が出ないことがしばしばです。このため、多くの患者たちは「しばらく様子をみましょう。とりあえず薬を出しておきます」と、対症療法的な処置を受けることが多かったのではないでしょうか。

患者の症状だけを診て対処しようとする場合、化学物質に対する反応の可能性を指摘する医師は、ほとんどいないと考えていいかもしれません。

しかし症状の出方によっては、体に症状が出るケースはまだましと言えるのかもしれません。体には何の兆候もなくいきなり、うつやパニック障害を起こした場合、化学物質に過敏である可能性を疑われることもなく、心因的な問題と判断されてしまうからです。実際、患者の方々に聞いてみたところ、心療内科を勧められて受診したケースは1人や2人ではないのです。

第1章　シックスクールを理解する

COLUMN

化学物質は脳にも影響する？

　1980年代、教師たちの間では「新興住宅地を抱えた学校ほど荒れる」という話が、まことしやかに流れていました。新興住宅地は地域の人間関係が希薄だからとか、住宅ローンなどを抱えて共働き家庭が多く、児童生徒が放任されがちだからといった、様々な原因探しがされましたが、化学物質による発症例が知られるようになった現在の視点から見直すと、違う原因があったように思えてなりません。

　当時は高度経済成長のまっただ中。農地を宅地に転用した造成地に、次々と住宅が新築されました。建材に用いる化学物質には今のような規制がなかった時代ですから、新築の家には建材から様々な化学物質が充満していたと考えられます。しかも床下にはシロアリの駆除剤（防蟻剤）が当たり前のように撒かれ、近隣の農地では農薬散布が行なわれ……、家の中も外も、化学物資で複合的に汚染されていたと思われます。

　防蟻剤には、1981年（昭和56）まで有機塩素系のDDTが使われていました（農薬としては1971年（昭和46）に登録失効）。ほかにも2008年（平成20）に中国製の冷凍食品から検出されて問題となった、有機リン系の農薬ジクロルボス（DDVP）やクロルピリホス（2003年〈平成15〉の建築基準法の改正により使用禁止）も、盛んに使われていたのです。

　前述の石川哲氏（p16）は、化学物質過敏症になった子どもたちに、いわゆる神経症状を訴える場合が多いことを指摘しています。かゆみや喘息といった体の症状だけでなく、イライラして"キレやすく"なったり、多動症、自閉症など、感情のコントロールがしにくくなると言うのです。その原因物質として、農薬などに使われる有機リン剤や、VOCsの一種であるホルムアルデヒドを挙げています。この石川氏の指摘から思い返してみると、"荒れた学校"で過ごした児童生徒がもし、化学物質に曝されることが少ない環境にいたなら、体も心ももっと健やかに学校生活を過ごせたのではないかと思うのです。

3 なぜシックスクールになるの？

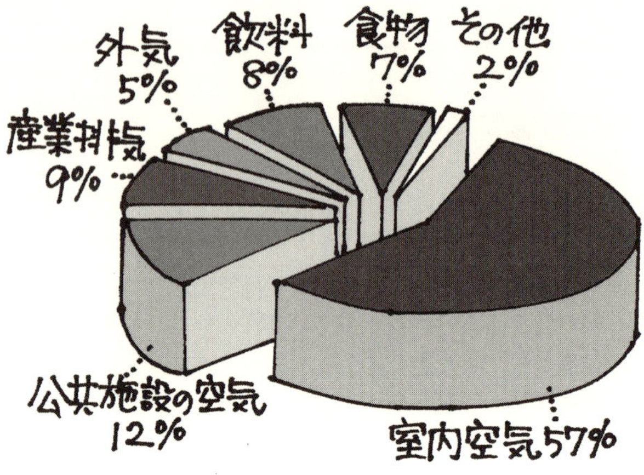

図11 人体の物質摂取量（重量比）
（出典：「住まいと人体―工学的視点から―」村上周三、『臨床環境医学』p49-62、第9巻第2号所収）

外気 5％
飲料 8％
食物 7％
その他 2％
産業排気 9％
公共施設の空気 12％
室内空気 57％

空気から吸い込む場合が8割

人は化学物質を、どこを経由して体内に取り入れるのでしょうか。東京大学名誉教授の村上周三氏による詳細な研究があります（図11）。

これを見ると、多くの人が気を遣っているはずの食物と飲料からの物質の摂取は、合わせても15％（飲料＋食物）。食物や飲料であれば、摂取するものを自分で選ぶことができます。

それに対し、呼吸（空気）から体内に入る化学物質は、各場所（室内空気＋公共施設の空気＋産業排気＋外気）を合わせて83％。吸い込んだ空気は、肺からそのまま血液に入り、全身をめぐります。汚染された空気はそのまま、直接体内に取り込まれることになるのです。

空気には選択権がありません。その場にいる限り、選ぶことも拒否することもできないのです。健康な生活を営むために、汚染されていない空気を求めるのは基本的人権といってもいいほど、大切なことといえます。

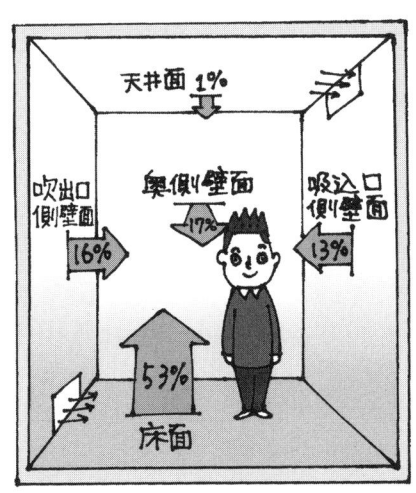
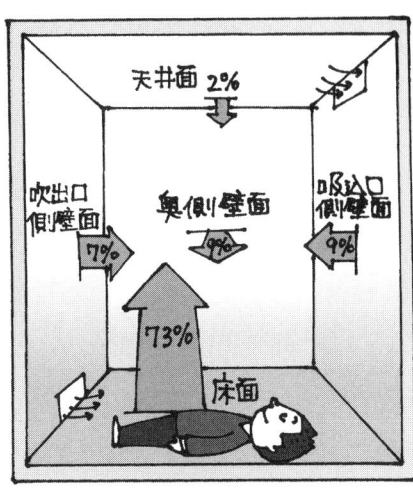

図12　立っている場合と寝ている場合で受ける汚染物質の影響
（出典：『シックハウス対策のバイブル』日本建築学会 編、彰国社、2002年より改変）

化学物質は床にたまりやすい

床や壁、天井から、仮に同じ濃度の汚染物質が出ている場合、人はどこから出ている化学物質に最も影響を受けるのでしょうか。日本建築学会が数値流体力学（Computational Fluid Dynamics：CFD）の手法を用いて、算出したデータがあります（図12）。

これを見ると、人が立っている場合（立位状態）の汚染物質の影響は、床面からの影響が53％、次いで壁面（吸込口側壁面、吹出口側壁面、奥側壁面合わせて）46％、天井面からは1％です。

寝ている場合（臥位状態）は、床面からの影響が73％までにはねあがります。化学物質は空気よりも重いため、床そのものから揮発する化学物質の影響だけでなく、床面に滞留している化学物質の影響も受けるためです。

図13 子どもの方が濃い化学物質を吸う

子どもは大人より濃い化学物質を吸っている

厚労省が2002年（平成14）に室内濃度指針値を示した13種類のVOCsから、特に学校で使われているとされた6物質について、表2にまとめました。

ここで注目してほしいのは「ホルムアルデヒドを除くVOCsは、空気より重い」ことです。天井より床に近いほど化学物質の濃度が上がることから、背の低い子どもの方が、より濃度の濃い化学物質を吸入していることを意味します。もう一つ考えておかねばならないのは、人間の体温は通常36度以上あることです。真夏の盛りをのぞいては、外気温より体温の方が高くなります。体温と気温の温度差があることで体の周りに上昇気流が起こり、足元の濃い化学物質は体のラインに沿って上昇し、鼻の穴から吸入されることになるのです。

子どもは、大人と比べて背も低く体温も高いことから、学校での対策を考える際には「児童生徒は、教職員より濃い化学物質を、常時空気中から吸っている」と考え、子どもの目線（空気を吸い込む鼻の高さ）になって、対策を講じなければなりません。

第1章　シックスクールを理解する

表2　揮発性有機化合物（VOCs）6種類の性質

揮発性有機化合物名 （毒性指標）	主な発生源	室内濃度指針値	常温時の様態と重さ
ホルムアルデヒド （ヒト吸入曝露における鼻咽頭粘膜への刺激）	机、椅子、ビニール壁紙、パーティクルボード、フローリング、断熱材など	0.08ppm （100μg／m³）	・水によく溶ける ・水溶液はホルマリン ・空気と同じ重さ
トルエン （ヒト吸入曝露における神経行動機能及び生殖発生への影響）	美術用品、油性ニス、樹脂系接着剤、ワックス溶剤、可塑剤など	0.07ppm （260μg／m³）	・常温は可燃性液体 ・揮発性は高い ・空気より重い
キシレン （妊娠ラット吸入曝露における出生児の中枢神経系発達への影響）	油性ペイント、樹脂塗料、ワックス溶剤、可塑剤	0.20ppm （870μg／m³）	・常温は可燃性液体 ・揮発性は高い ・空気より重い
パラジクロロベンゼン （ビーグル犬経口曝露における肝臓及び腎臓等への影響）	消臭剤、芳香剤、防虫剤など	0.04ppm （240μg／m³）	・白色の結晶 ・常温で昇華する ・空気より重く滞留する
エチルベンゼン （マウス及びラット吸入曝露における肝臓及び腎臓への影響）	接着剤や塗料の溶剤及び希釈剤	0.88ppm （3,800μg／m³）	・常温は可燃性液体 ・揮発性は高い ・空気より重い。対流で拡散
スチレン （ラット吸入曝露における脳や肝臓への影響）	樹脂塗料等に含まれる高分子化合物の原料	0.05ppm （220μg／m³）	・常温は可燃性液体 ・揮発性は高い ・空気より重い ・高濃度では滞留

（『学校環境衛生管理マニュアル』文科省、平成22年3月改訂　をもとに作成）

図14　体重1kgあたりの一日の呼吸量「子どもは大人の2倍」
（「化学物質の子どもガイドライン（室内空気編）」東京都福祉保険局　をもとに作成）

子どもは大人の2倍以上の空気を吸っている

図14は、子どもと大人の体重1kgあたりの一日の呼吸量を示しています（子どもの体重は平均15kg、大人の体重は平均50kgで換算）。これを見ると、子どもは大人の2倍の空気を呼吸していることがわかります。前述の「子どもは大人より濃い化学物質を吸っている」こと（p28参照）を考え合わせると、子どもの化学物質曝露量は、単純に大人の2倍ではないことがわかります。

また子どもは体の機能が成長段階にあることから、大人よりも化学物質の影響を受けやすいことも、考慮に入れなければなりません。

第1章　シックスクールを理解する

図15　トータル・ボディ・ロードと閾値の考え方

子どもは大人より限界ラインに達しやすい

化学物質に対して過敏反応を示すことを説明するのに、"トータル・ボディ・ロード（身体総負荷量）"や"閾値（いきち）"という用語があります。

「化学物質に耐えられる体の負荷（トータル・ボディ・ロード）の限界ライン（閾値）を超えると、過敏な反応を起こす」という考え方です。花粉症など、アレルギーの発症を説明するときにも紹介される考え方ですから、比較的理解しやすいかもしれません。

たとえば、胎児から大人までの化学物質に対する許容量は、

大人 ∨ 子ども ∨ 赤ちゃん ∨ 胎児

の順になります。幼い子どもほど体は小さいので、化学物質の影響を受けやすくなります。なかでも化学物質の負荷に耐えられない胎児は、母親の曝露した化学物質をそのまま引き受けてしまいます。子どもであれば、運動をするなどしてよく汗を流し体を鍛えることで、トータル・ボディ・ロードを下げるとされています。

図16 発症のしやすさは人によって違う
（資料：『脱化学物質ブックレット2 シックハウスとシックスクール』化学物質過敏症支援センター発行、2003年2月10日）

発症する人としない人がいるのはなぜ？

同じような環境下でも、シックスクールになる子どもと、ならない子どもがいます。なぜこのような違いがあるのでしょうか。現在のところわかっているのは、アルコールに強い人と弱い人がいるのと同じく、「化学物質を分解（解毒）してくれる酵素の量が、多い人と少ない人がいる」ということです。

たとえば、有機リン系農薬「ダイアジノン(Diazinon)」を分解する酵素「パラオキソナーゼ(Paraoxonase)」が少ない人と多い人の場合、パラオキソナーゼが少ない人は、ダイアジノンをあまり分解できないので、次第に体内に蓄積されていきます。やがて処理の限界（閾値）を超えてしまうと、ダイアジノンに過敏に反応するようになってしまうのです。

ダイアジノンを分解する酵素を多く持っている人でも、ほかの化学物質を分解する酵素が少ないかもしれません。現代の生活は、何十万種類という化学物質に囲まれていますから、誰もが化学物質過敏症になる可能性があるのです。

第1章　シックスクールを理解する

図17　胎児は、母体を通じて化学物質の影響を受ける

胎児の時から影響を受ける

黒田洋一郎氏（㈶東京都医学研究機構・東京都神経科学総合研究所研究員）は「子どもは胎児の時（胎児期）から、母胎を通じてさまざまな化学物質に曝露され続ける」としています。

人の一生の中で最も大切な胎児期は、神経細胞が分裂するなど、いわゆる"脳ができある"時期でもあります。そして新生児になると、いろいろなことを学びながら脳は発達を続けます。これらの大切な時期に、胎児は羊水やへその緒から、赤ちゃんは母乳や空気中から、化学物質を取り込みます。また母親がそれまでの人生の中で蓄積してきた化学物質の影響も受けることになります。

マウスを使った研究では、母マウスが曝露した化学物質が胎児に届くまでに、30分もかからなかったという報告もあります（『奪われし未来　増補改訂版』シーア・コルボーンら著、翔泳社、2001年）。

4 発症の原因にはどんなものがあるの？

図18 注意すべきは農薬とワックス

「農薬」と「ワックス」を疑おう

シックスクール発症の原因となるのは、文科省が前述の『学校環境衛生管理マニュアル』で示した6物質だけではありません。おもな原因とされているのは、「農薬」と有機リンを含む「ワックス」です。

たとえば害虫の発生を防ぐため、学校の桜に殺虫剤を定期的に散布する自治体があります。除草剤や殺虫剤の散布が、PTAの親子奉仕作業になっている学校もあります。それどころか、児童生徒が学校にいる時間に農薬が散布されるケースまであります。

またワックスについては、こんな事例もあります。ワックスを塗布したら教室に入れなくなった児童がいました。そこでポリッシャーで床を洗浄し、有機リンを含まないワックスを塗り直したのですが、それでも教室に入ることができません。以前から使っていたモップを使ったからではないかと思い、再度床を洗浄し、モップを新調して塗り直したところ、ようやくその児童は教室に入ることができました。

第1章 シックスクールを理解する

他にも危険な物品はたくさんある

子どもたちの心身に深刻な影響を与える化学物質が、農薬やワックス以外にも学校で使う物品の多くに含まれていることを、みなさんはご存じでしょうか。たとえば有機リンは、かつては毒ガスとしても使われ、神経系や免疫系、さらには内分泌系にまで影響を与える化学物質です（p77参照）。多くの研究者や医療関係者は言います。"有機リン"は、子どものいる環境中に絶対に存在してはならない物質です」と。

次ページ表3に、厚労省が2009年（平成21）1月に配布した「シックハウス症候群に関する相談と対策マニュアル」を参考に、主要な物品とそれに含まれる成分を挙げました。農薬や、農薬と同等の成分が見られます。これらは文科省が定めたVOCsの6種類（ホルムアルデヒド、トルエンなど）には含まれておらず、学校あるいは教育関係機関には危険性に対する認識はほとんどないのではないでしょうか。

農薬への認識が甘すぎる

精神医学が専門である福島章氏の著書『子どもの脳が危ない』（PHP新書、1999年）には、農薬の害について次の例が紹介されています。

1998年（平成10）に研究者のエリザベス・ジャレットらが、メキシコ北部のヤキ谷の2つの農村を調査したときのことです。それぞれの村の子どもたちに人の絵を描いてもらったところ、描画能力に大きな違いが出たのです。

「子どもは発達に応じて人のイメージがしだいに成熟してくるものであるが、この絵で同年齢の子どもを比較すると、農薬を大量に使用している地域に生まれた子どもは農薬をほとんど使わない地域の子どもに比較して、人のイメージ形成が非常に遅れていることがわかる。」（同書より）

35

表3 学校で使用される注意が必要な化学物質（代表的なもの）

化学物質の種類	成分名		略称または代表的商品名	化学物質が使用される物品（発生源）
難燃剤・可塑剤	リン酸トリエステル類			・ワックスに含まれるリン酸トリ（ブトキシエチル）は、可塑剤として配合されることが多い ・難燃加工した製品＝テレビ、パソコンなどの家電製品、壁紙、床材、ソファ、カーテン、じゅうたんなど
		リン酸トリブチル	TBP	
		リン酸トリス（2-クロロイソプロピル）	TCIPP	
		リン酸トリ（ブトキシエチル）	TBXP、TBEP	
	臭素系難燃剤			
		テトラブロモビスフェノールA	TBBPA	
		ヘキサブロモシクロドデカン	HBCD	
酸化防止剤		ジブチルヒドロキシトルエン	BHT	・テレビ、パソコン、壁紙などの樹脂製品に含まれることが多い
		ノニルフェノール		
除草剤	有機リン系除草剤			・農薬として使われる
		グリホサート	ラウンドアップ	
		グルホシネート	バスタ	
殺虫剤	有機リン系			・家庭用殺虫スプレー ・置き型殺虫剤 ・くん蒸剤 ・蚊取り線香 ・液体蚊取り ・畳の防ダニシート ・ガーデニング用殺虫剤 ・木材防腐・防蟻剤 ・木材表面処理剤 ・シロアリ駆除剤 などとして使われる
		クロルピリホス		
		ジクロルボス	DDVP、VP	
		フェニトロチオン	スミチオン	
		ダイアジノン	ダイアジノン	
		アセフェート	オルトラン	
	ピレスロイド系			
		ペルメトリン	エクスミン	
		トランスフルトリン		
	カーバメート系			
		フェノブカルブ	BPMC	
	ネオニコチノイド系			
		イミダクロプリド	ハチクサン	
		アセタミプリド	モスピラン	
		クロチアニジン	ダントツ	

（「シックハウス症候群に関する相談と対策マニュアル」平成21年、厚労省健康局生活衛生課配布の表3-6を参考に、加筆作成）

第1章　シックスクールを理解する

2つの村は、食習慣や飲み水は同じ、社会行動や文化も同じと分類される地域でしたが、たった一つの違いは、農薬の使用量でした。農薬を大量に使用している方の村では、1940年頃から農薬が使われ始め、ジレットらが調査を行なった時には、母親のへその緒と母乳から複数の農薬が検出されています。さらにジレットらは、農薬を曝露した子どもたちにはスタミナがなく、目と手の協調性もなく、記憶テストの成績も悪かったことを報告し、その後、行なった追跡調査でも運動能力が改善していなかったことを、重ねて指摘しています。

農薬（化学物質）の与える影響の深刻さが、ここにも現れています。

5 対策はできるの？

「マイアミ宣言」と「エコチル調査」

1997年（平成9）5月5日・6日、G8（日本、イギリス、ドイツ、フランス、イタリア、ロシア、アメリカ合衆国、カナダ）の環境大臣による会合が開かれ、「マイアミ宣言」が採択されました。内容を次ページに要約します。

また2011年度（平成23）には、環境省が「子どもの健康と環境に関する全国調査（エコチル調査）」を開始しました。これは10万組の子どもとその両親が参加する、大規模な疫学調査です。赤ちゃん（胎児）の時から13歳になるまで、定期的に健康状態を確認し、環境要因が子どもたちの成長・発達にどのような影響を与えるのかを明らかにします。

このことは、日本も含む世界の国々が子どもの健康と環境に対して危機意識を持っていることの現れでも

G8マイアミ宣言（一部抜粋）

　我々は世界中の子供が環境中の有害物質の著しい脅威に直面していることを認識している。人の健康の保護は持続可能な発展を達成するための環境政策の基本的な目標である。我々の家族の健康や福利が清潔で健康的な環境に依存することへの我々の理解は高まりつつある。こと子供に関しては、彼らがとりわけ環境汚染に傷付きやすいものであるということは紛れもなく真実である。既存の汚染レベルや濃度の警報的な基準値以下で人の健康問題を生じるかまたはそれに寄与する可能性があるという証拠が増えつつあり、我々の国々の現時点での保護レベルではいくつかの場合、充分に子供の保護ができないことがありうる。

　（中略）

　我々は、曝露の予防こそが子供を環境の脅威から守る唯一かつ最も効率的な手段であることを断言する。我々は、子供の保護レベルの改善を探り、そして国内的に、あるいは二国間または多国間の取組の中で、子供の環境保健を優先させることを再び断言する。我々は、各々の大臣の権限の範囲内において、環境研究、リスク評価、基準の設定について協力することに同意する。我々は公衆の関心を喚起し、家族が子供の健康の一層の保護をはかれるようにすることに同意する。

　我々は子供の環境保健を環境の最高の優先順位とし、国際的な金融機関、WHO、UNEPやその他の国際機関などよって継続的に活動を前進させ、また子供の環境保健に、特に、子供の健康の環境、経済、社会的な側面について一層の注意を払うことを我々のリーダーに対して促す。

　出典：「子供の環境保健に関する8ヶ国の環境リーダーの宣言書（1997年）（仮訳）」

　http://www.env.go.jp/earth/g8_2000/outline/1997.html

第1章　シックスクールを理解する

あります。しかし調査には時間がかかります。また調査結果が出るまで、現在学校にいる子どもが、手つかずでよいわけではありません。そこで「予防原則」という考え方が必要になってきます。

「予防原則」にのっとった学校を！

予防原則（Precautionary Principle）とは、人間や環境にとって、後戻りのきかない影響を与える懸念のある新しい技術や化学物質に対し、「科学的な検証が十分されない状況でも規制措置を可能にする制度や考え方」のことを言います。EUでは、EUの発足を定めた1992年のマーストリヒト条約の時点で、すでに環境政策上の基本原理としてこの概念が導入されています。

保護者の方がもし、学校を見学する機会があったら、子どもの通う学校が「予防原則に立った学校」なのかを見てほしいと思います。教師が使う教材だけでなく、事務職員が購入する製品や、用務員が作業で使うか、教育委員会が何を基準に学校施設を計画し、業者がどのような材料で工事や修繕にあたるかなどです。それは子どもの健康に直接かかわることだからです。そうは言っても「予防原則に立った学校」は、現実にはほとんどないのではないかと思われます。だからこそ今から、一つずつ少しずつ、一緒に始めようではありませんか。

学校は安心できる場所でなければ

一部の健康な児童生徒だけでなく、どのような児童生徒にとっても、学校は安心できる安全な場所でなければなりません。またどのような状況であっても、児童生徒から「教育を受ける権利」を奪うことはできません。

私自身、症状は軽いものの、化学物質に対して反応

が出ます。シャンプーや化粧などの香料、配布されるプリントのインクのにおい、コンの臭気など、一度症状が出てしまうと、なかなか抜けてくれません。しかしスクールエコロジー研究会の研究を通じて優れた医師との出会いに恵まれ、自分の症状に気づくことができ、重症になる前に治療を始めることができたのは、本当に幸いでした。発症の原因になりそうな化学物質を注意深く避けた結果、現在、生活がままならないほどの症状は出ていません。

学校には今も、シックスクールに苦しんでいる児童生徒がいます。そしてこのことは、今苦しんでいる児童生徒だけの問題ではなく、現在、学校に通うすべての児童生徒、今後入学する児童生徒、さらには、その先の世代まで関わる問題なのです。

COLUMN

命がけで農薬の危険性を説いた梁瀬義亮医師

　日本に農薬が初めて導入されたとき、いち早く事の重大さに気付き、命がけで農薬の危険性を説いた人物がいました。医師の梁瀬義亮氏です。梁瀬医師は１万件以上の臨床例から、原因不明とされた患者たちが農薬中毒であったことを突き止めました。農薬が無害とされることに疑問を抱き、自らの体を使った毒性実験を試みます。それは、畑のキャベツに有機リン系農薬であるホリドール（パラチオン）の希釈液を順次散布し、散布後２週間経過した球を選んでその葉をすりつぶし、絞り汁を毎日飲むという過酷な人体実験でした。２週間後としたのは当時、ホリドールが散布後２週間すれば分解して無害になること、有機リン系農薬は微量ならば摂取しても蓄積による影響はないと考えられていたからでした。

　梁瀬医師の著書『生命の医と生命の農を求めて〔復刻版〕』（地湧社、1998年）から、その記述を紹介します。

　「十五日をすぎる頃、下痢がはじまった。この頃から毎夜、真夜中に目が覚めるようになった。体がだるく、診療することが億劫で、且つ診断がなかなかつきにくくなった。一方、妙な発想ばかりが次々と浮かんできた。滅多に子供に怒ったことのない私が、些細なことから怒鳴りつけてあとで後悔したのも、無人踏切で、進行して来る列車のすぐ前を無意識のうちに単車でつっ走ってしまったのもこの頃である。毎日がまるで霧の中の人生といった感じで、何んだか常に遠くから招かれているような気分になってきた。

　私は危険を感じて一ケ月で実験を中止したが、中止後も症状はなかなか恢復せず、すっかり衰弱してしまった。もう駄目かと思ったことすらあったが、三ケ月もしてやっとよくなりはじめた。

　しかしこの実験によって私は、ホリドール（パラチオン）は散布後二週間では必ずしも無毒にならないこと、及び微量のホリドールでも、これを連続摂取していると、急性中毒とは違った形の中毒症状（慢性中毒）が現われることを確かめ得たのである。」

　有吉佐和子氏の小説『複合汚染』（新潮文庫、1979年）の中で「最も尊敬する人物」として紹介された梁瀬医師は、1959年（昭和34）に「農薬の害」を発表。レイチェル・カーソンの『沈黙の春（サイレント・スプリング）』の出版が1962年（昭和37）ですから、先見の明があったことがよくわかります。

COLUMN

日本初、群馬県知事の大英断

2006年（平成18）5月22日、シックスクール対策を考えるうえでも、大きな出来事が起こりました。故・小寺弘之群馬県知事が、「無人ヘリコプターによる有機リン系農薬の空中散布について、農業関係団体に対し自粛要請を行なう」ことを、庁議の中で明らかにしたのです。この小寺知事の決断は、環境問題を重視しさまざまな政策を行なってきたEUの空中散布禁止よりも、1カ月も前のことでした。

実は、農薬の空中散布が行なわれていた頃、山の多い群馬県でも、セミが鳴くことはありませんでした。地方紙や地元のミニコミ紙でも「群馬に帰るとセミの鳴き声が聞こえない。子どもの頃はたくさん鳴いていたのに」という趣旨の投書が、たびたび見られました。私はレイチェル・カーソンのいう「Silent Spring」になぞらえ、群馬の夏を「Silent Summer」と呼んでいたくらいです。

小寺知事の自粛要請を受けて空中散布がなかった夏、待っていたかのようにセミの声が群馬県に戻ってきました。前年とはうってかわったこの夏を、地方紙は「セミの異常発生か？」と記事にしました。いきいきしたのは、昆虫ばかりではありません。化学物質に苦しむ多くの方たちから「こんなに体が楽な夏は久しぶり」という声が聞かれ、それまで不登校だった児童が、快復して通学できるようになったという話も、耳に入ってきました。

2007年（平成19）1月13日、群馬県はシンポジウム「シックハウスと有機リン」を開催。小寺知事は挨拶の中で、水俣病などを例にあげ、「100％黒でなければ、わかっている被害をそのままにする、今までの行政の姿勢を反省し決断した」と話されました。同年5月19日には「『有機リン問題』の最前線」と題する科学フォーラムが、東京都のヤクルトホールで開催され、全国的に関心が集まるようになったのです。その後、知事は大澤正明氏に代わりましたが、大澤知事も空中散布自粛を継承し、群馬県議会で〝満場一致〟の賛同が得られたと聞いています。私は、日本で初めて自粛要請を行なった小寺知事と、それを継承した大澤知事を誇りに思っています。

第2章

誰に、どう相談する？
～理解の輪を広げる～

1 効果的な相談先と方法とは？

理解してもらうのが一番の近道

体の小さい学童期にシックスクールを発症した子どもたちは、学校にあって、どうしたら安心して過ごすことができるのでしょうか。シックスクールの児童生徒に、他の児童生徒と同じような「教育」の機会を与える一番の近道は、周囲の人々がこの問題を本当に理解した上で、行動することに尽きると言えます。

私は、保護者の方からの相談をいただくことがあります。なかには「うちの子は（シックスクールの）被害者なのに、学校は何もしてくれない！」と職員室で息巻いていく保護者がいないわけではないのです。ある母親は、突然学校に来て「学校のせいでシックスクールになったのだから、教室の建材を替えろ、シャンプーのにおいがきついから石けんで洗え、ワックスももう一度塗り

なおせ」などと、強い口調で言って帰っていったそうです。学校側は「対策に努力をしているが、すぐにはできないこともあります」と理解を求めたのですが、聞く耳を持たなかった様子でした。

そこに至るまでの経緯はわかりませんが、わが子のことを思い、切羽つまった気持ちになっていることはよくわかります。しかし相手が理解できていないうちに、「理解した上で」の対応を要求しても、学校側は無理難題を押し付けられたとしか感じられないでしょう。仮に勢いに押されて、言われる通りに実行したとしても長続きはしないことでしょう。

何よりもまず、保護者がしなければいけないことは「シックスクールについて学校側に理解してもらうこと」です。規定の教育課程を実施しなければならない

44

第2章 誰に、どう相談する？〜理解の輪を広げる〜

学校側の立場も考え、一方的に責めるのではなく、その言い分にも耳を傾けてほしいのです。その上で、化学物質の本当の怖さを徐々に伝えていってほしいと思います。

本当に理解すれば、人は変わることができます。そして対応が変われば、シックスクールを発症した児童生徒でも、再び通える学校に変わる可能性も出てきます。もちろん一人ひとりの病状は異なりますし、抱える状況も違います。シックスクールの児童生徒やその家族でさえ、症状が起こった当初には、それが何の原因によるものか、どう対処すればいいのか、相当戸惑ったはずです。だからこそ、本人や家族でさえ必要だった「理解するための時間」を、できるだけ多くの人たちが、できるだけ早急に共有できるようにしたい。このことは本書の大切な目的の一つです。

そうでなければ、「学校では（シックスクールのような）"特殊な子ども"は受け入れられません」と、排除されることになりかねません。それは他の児童生徒にとっても、大きなマイナスです。学校が変わらなければ、時を経ずして第2の発症者（被害者）が出てしまうことでしょう。事態は急を要します。なぜなら、シックスクールの児童生徒が反応する化学物質は結局、ほかの児童生徒にとっても「毒」なのですから。

相談先の役割を理解しよう

では具体的に、どのように理解を求めたらいいのでしょうか。医師でさえ対応できる知見が少ない中で、専門知識を持たない保護者が、シックスクールの症状や化学物質の作用などを正確に伝えるのは、難しいことです。しかし、決してあきらめないでください。学校関係者の共通理解を得て、シックスクールの児童生徒が通える学校にすること。そのために本章では、相談する相手の立場を踏まえた上で「理解」を求める方法について述べていきます。

学校には、担任教諭、養護教諭、校長・教頭など、様々な立場の人がおり、役割分担があります。組織の中でそれぞれに役割を持ち、学校の教育活動を支えて

45

います。たとえば学校で何か問題が起きたとき、保護者からの相談は以下のように伝わっていきます。

保護者から相談を受けた「担任教諭」や「養護教諭」は、まず校長や教頭などの「管理職」に問題を報告します。シックスクール問題のような健康問題が起きれば、「養護教諭」は「学校医」に、「学校長（管理職）」は「教育委員会」に報告・連絡・相談をするはずです。

「教育委員会」には、事務局として施設などハード面の問題を扱う「教育総務」と、校内のソフト面の問題を扱う「学校教育」などの部署（自治体によって部署名は異なります）があり、相談の内容にしたがって担当者が問題を処理していきます。特別な場合として、保護者が市町村議会の「議員」などに相談した場合に、最終的に学校へ問題が報告されることもあります。

私が実際に相談を受けた事例を2つ、マンガで紹介します。あくまでも参考例ですので、基本的にはまず学校に相談し、次に教育委員会に相談するのがよいと思います。現在、子どもが学校に通うことができているのであれば、これ以上環境が悪化しないように、学校側とよく相談してください。

第2章 誰に、どう相談する？〜理解の輪を広げる〜

学校に理解してもらうには？

図工で使う教材のことで相談なのですが

光の透過性を学ぶ単元で塩化ビニール板に油性マーカーで絵を描くそうです

子どもが反応してしまうのではと心配で…

プルルル

だったら こうしてみてはどうでしょう

塩ビ板の代わりに薄い布を使い

マーカーではなくその草花を貼ったりしぼり汁を塗ったりしてみるんです

後日 学校にて

なるほど…ただ教材が違うと成績として評価できないんです

そうですか

ですがとても素敵な方法だと思います！

授業には参加できなかったけど理解してもらえただけでも…相談してよかったわ！

学校以外の力を借りることも

第2章 誰に、どう相談する？〜理解の輪を広げる〜

2 担任教諭の場合

児童生徒の健康状態をいつも把握

朝、担任教諭が一番に行なうことは、児童生徒の出席確認と健康状態の把握です。あいさつの声の大きさや抑揚、さらに表情や体の動きを観察し、今日一日の校内活動に耐えられるかを確認してから、授業を始めます。

担任教諭1人対児童生徒35人というように、たくさんの子どもたちがいても、担任教諭は彼らの変化をほとんど見落としません。体調は悪いが帰らせるほどではない「様子見」と判断すれば、引き続きその子の動きを観察します。自分の授業がない場合には、授業をする教諭に「○○の体調が悪そうなので、よく見ていてください」と連絡するなど、状況に応じた行動をとっています。しかしながらこうした日々の健康観察を長年行なってきた教諭たちでさえ、シックスクール

問題に対処することはなかなか難しいと思われます。たとえばAくんの場合です。いつもは目が澄んで姿勢もよく、教えたことは瞬時に理解し、クラスを引っ張る存在です。ところが北風が南風に変わると、午前中はいたって元気だったAくんの、それまでの態度が一変。まず目つきが変わります。グダグダと寝たり、寝ていると思ったら不意に駆け出し、教室を出て行ってしまったり、時には凶暴化したりすることもあります。

本人に聞くと「汚れて重たい空気の塊が、切れ目なく教室に入ってきた。その空気の塊が襲ってきたので教室から逃げ出しただけ」などと、まじめに答えます。私からすると的確な表現ですが、この〝感覚的な表現〟に戸惑う教諭は、いったい何が起きたのか理解で

きないと思います。そしてスクールカウンセラーに相談することもあるでしょう。相談を受けたスクールカウンセラーにシックスクールに関する知見や理解がなければ、神経内科や心療内科を紹介することも、決して少なくないはずです。さらにそこでも、シックスクールと気付かれないまま投薬が始まることが十分ありえます。

ですが担任教諭に、シックスクールについて少しでも「理解」があれば、この状況はまったく違ってきます。

保護者と担任教諭との連携が大事

ここで大事なのは、保護者と担任教諭との連携です。担任教諭も、児童生徒の不調はわかっても快復のために何をすればいいのか、あるいは不調を起こさないために気を付けることは何か、ほとんど知らないと考えてください。

保護者にはまず、化学物質の影響で起きる症状や、その対応方法を伝え、担任教諭と協働で解決する姿勢が必要です。「シックスクールの児童生徒の健康チェ

自分では感覚的にわからなくても、児童生徒の発する言葉を否定しませんし、その子の状況を見ながら安全な空気のあるところを一緒に探してくれるかもしれません。

担任教諭の理解を得ることが、児童生徒が安心して学校に通い続けるための第一歩です。担任教諭がその子を信じ、その子もまた担任教諭に深い信頼を寄せ、周りの教職員も協力してこれを支えることが、本当に大切なのです。

「クシート」(p 52参照)を参考例に挙げますので、保護者と本人で記入し、それを担任教諭に見せながら説明してみてください。誠実な担任教諭であれば、物事を正しく捉え、有効な対応策を取ってくれると思います。

またどんな化学物質に苦しむかを一覧表にして渡すと、担任教諭が他の児童生徒にわかりやすく説明することもできるでしょう。

理解を深めてもらう働きかけを

哀しいことですが、保護者と担任教諭との連携がうまくいかず「先生がわかってくれない」「暴言を吐かれて、子どもが傷付いてしまった」など、結果としてシックスクールの児童生徒が、学校に行くのを嫌がるようになるケースもないわけではありません。児童生徒がますます登校できなくなり、学校から遠ざかることで、学校側は校内の化学物質を減らせるせっかくの機会を失うことになります。

本来、担任教諭はクラスを受け持つ責任者としての役割があります。児童生徒の将来のために、よりよい方向に導く立場にいるはずです。だからこそ保護者の方は、担任教諭がシックスクールへの理解を深められるような働きかけをしてください。たとえば、シックスクールの児童生徒にとって、通常は「いい香り」とされる香水やシャンプーなどが、実はつらい化学物質であると認識してもらうこと。当たり前のように使われているもの全般を見直さなければ、発症してしまった児童生徒が、再び学校に通えるようにはならないのです。時間はかかるかもしれませんが、たとえそうだったとしても、結局、一番の近道になります。

すべてに当てはまるとは言いませんが、シックスクール対策をしっかりとった担任教諭は、翌年に新しいクラスを受け持ったとしても、この体験を生かせることでしょう。化学物質を減らすことで、そのクラスの児童生徒は落ち着いてものを考えることができ、成績も圧倒的によくなるはずです。

シックスクール・化学物質過敏症の児童生徒の健康チェックシート

※本チェックシートは、学校生活を送るための重要な資料として保護者が本人と記入するものです。

氏名	（男・女）	学年	
自宅住所			
自宅電話番号		受診医療機関名	
緊急時電話番号		受診医療機関電話番号	

1 発症の経緯は？
1) 発症時期　　　　　　　　年　　　月ごろ
2) 発症のきっかけ
   (a) 住宅の新築　(b) 住宅の改修　(c) 学校の新築　(d) 学校の改修
   (e) その他（　　　　　　　　　　　　　　　　　　　　　　　　　）
3) 発症場所（複数回答可）
   (a) 自宅　　(b) 学校　　(c) その他（　　　　　　　　　　　　　）

2 どのような症状がありますか？（複数回答可。該当事項に○）
1) 自律神経症状
   疲れやすい　発汗　手足の冷え　その他（　　　　　　　　　　　）
2) 神経症状
   頭痛　イライラ　うつ　不安　不定愁訴　不眠　キレやすい
   集中力低下　思考力低下　言語混乱　幻覚　その他（　　　　　　）
3) 感覚器症状
   視力の低下　眼が疲れやすい　ピントがあわない　聴力の低下
   鼻血が出やすい　においを感じにくい　その他（　　　　　　　　）
4) 呼吸器症状
   鼻づまり　咳　痰　のどの痛み　呼吸困難　その他（　　　　　　）
5) 消化器症状
   下痢　便秘　吐き気　腰痛　その他（　　　　　　　　　　　　　）
6) 免疫症状
   風邪を引きやすい　アトピー性皮膚炎　じんましん　喘息
   その他（　　　　　　　）
7) 内耳障害
   目まい　ふらつき　耳鳴り　その他（　　　　　　　　）

8) 気道の症状
のどの痛み　口の渇き　その他（　　　　　　）
9) 循環器の症状
動悸がする　不整脈　循環障害　その他（　　　　　　）
10) 婦人科・泌尿生殖器
汗を異常にかきやすい　手足の冷え　生理不順　排尿困難
性器からの不正出血　陰部のかゆみ・痛み　その他（　　　　　　　）

3　症状が出る可能性があるもの（複数回答可。該当事項に○）
a) 建物関連
建材（床／壁／家具／塗料／接着剤／その他：　　　　　　　）
カーテン・カーペット　ワックス　除草剤　殺虫剤
ストーブ・灯油などの燃料　プールの消毒薬
b) 生活用品・薬品
タバコ　防虫剤　芳香剤・消臭剤　洗剤　石けん
シャンプー・リンス　化粧品　衣類（クリーニングしたものなど）
c) 教材類
教科書　ノート　パソコン
特別教室で使う教材（楽器やボールなど、具体名があれば：　　　　　　）
文具類（マジック／墨汁／消しゴム／鉛筆／絵の具／クレヨン／ボールペン／糊）
その他（　　　　　　　　　　　　　　　　　　　　　）
d) その他
（　　　　　　　　　　　　　　　　　　　　　　　　　）

4　学校生活上の問題点は？
a) 登校はできますか？
□登校できる　□登校できない　□その他（　　　　　　　　）
b) 症状が出るなどして、入れない教室はありますか？
□普通教室　□図工・美術室　□理科室　□家庭科室　□調理室
□図書室　□パソコン室　□体育館　□保健室　□給食室
□プール
□その他（　　　　　　　　　　　　　　　　　　　　　　　）
c) アレルギー症状はありますか？
□花粉　□ハウスダスト　□ダニ
□金属（　　　　　　　　　　　　　　）
□食物（食材名：　　　　　　　　　　　　　　　　　　　　）
その他（　　　　　　　　　　　　　　　　　　　　　　　）

3 養護教諭の場合

児童生徒の健康に必要な指導を行なう

学校現場の朝は、教職員の誰もが「児童生徒が今日一日、学校で無事に過ごせるか」を確認していると考えてよいでしょう。学校保健安全法の第9条にも、こうあります。

「養護教諭その他の職員は、相互に連携して、健康相談又は児童生徒等の健康状態の日常的な観察により、児童生徒等の心身の状況を把握し、健康上の問題があると認めるときは、遅滞なく、当該児童生徒等に対して必要な指導を行うとともに、必要に応じ、その保護者（学校教育法第十六条に規定する保護者をいう。第二十四条及び第三十条において同じ。）に対して必要な助言を行うものとする。」

学校の運営が正常に行なわれていれば、担任教諭が朝、クラスの児童生徒の健康を観察した結果は、すぐに養護教諭に連絡されます。症状にもよりますが、最長でも20分以内には「○年○組の○○が具合が悪い」という情報は、担任教諭→養護教諭→管理職（校長や教頭など）へと報告されます。場合によっては、始業時間の前にはもう、その児童生徒の扱いをどうするかが決まっています。

学校の保健室はあくまでも、ベッドなどの休息ができる場所はあるものの、病院ではありません。また特別な場合を除き、養護教諭は医療行為をすることもできません。養護教諭は児童生徒の様子を見ながら「保健室で休ませる」「医師に診せる」「家に帰らせる」などの選択肢の中から判断し、担任教諭や管理職などと相談のうえ、処置を決めます。

54

第2章 誰に、どう相談する？〜理解の輪を広げる〜

このように養護教諭は、児童生徒の日常生活の様子と、健康に問題が生じたときの様子を比較できる存在だといえます。しかしベテランの養護教諭にしても、目に見えないシックスクールの特定は難しい問題です。

不得意分野があることも理解する

養護教諭は、個々の児童生徒の状態について深い関心を持ち、保護者の方にとって本当に頼りになる存在です。しかし「養護教諭にも不得意分野がある」ということを、保護者の方は知っておいてください。

「養護教諭なのだから、シックスクールについて知っているのが当たり前」という態度を保護者がとっていれば、理解を得るのに無駄な時間を要することになります。事実、養護教諭がシックスクールあるいはシックハウス、化学物質過敏症について研修する機会はほとんどありません。テレビや新聞などで報道されている内容以上の知識は持っていないと考えた方がよいでしょう。

とはいえ保健室には、前述の『学校環境衛生管理マニュアル』（p14参照）が必ずおいてあるはずです。

い化学物質と、児童生徒に現れる変化とを結びつけることは、今までの常識では困難だからです。だからこそ養護教諭は、化学物質が人間に与える影響について学ぶ必要があります。

これは学校環境の適切な管理を、全国の自治体に訴えた〝隠れた名著〟といえます。文科省のサイトでPDFデータを公開していますので、これを参考に、保護者の方は養護教諭と一緒になってシックスクール対策をとってほしいと思います。

このマニュアルが最初に発行された2004年（平成16）以前に、養護教諭がシックスクール問題に関心を持つことは、発症した児童生徒がいない学校では全くなかったと思われます。校舎の新築や改修工事の際に問題が起きた自治体ならば、対応するための研修会もあったかもしれません。しかし講師が少なく、研修の機会を持てなかった自治体もあるはずです。

しかも発症の原因となる業務や物品の管理の多くは、養護教諭の業務とは直接関係のないところで行なわれ

ています。
- ワックスなどの清掃用具：事務職員が選び、購入する。
- 教材：担当教諭が選び、事務職員が購入する。
- 改修工事：教育委員会の担当職員の仕事。建材の種類や接着剤の成分などは、専門知識がないと判断しにくい。
- 害虫駆除・雑草管理：用務員の仕事。「殺虫剤を使わないでどうする？」「草むしりの時間が取れない」などと反論されたら、人手の問題などから代替案が出しにくい。

このように、養護教諭がシックスクール問題に関わるには、いくつもの障壁があります。しかしながら「保健だより」を通じて、学校行事に際して来校者に配慮を促すことができるのも養護教諭です。最終的には、担任教諭、管理職、事務職員、用務員など学校全体のチームでシックスクール対策を行なうことになりますが、児童生徒がシックスクールを発症した時に最も頼りになる存在であり、保健所・学校医・薬剤師など、医療機関との連絡が密にとれるのも養護教諭です。まずは親身になってくれる存在である養護教諭を大切にしてください。

4 管理職の場合

学校管理の最終責任者

管理職とは「校長」「副校長」「教頭」を指します。現実的には管理職は副校長がいない学校も多いので、各校2名ということになります。管理職の中でも、特に校長は教職員を統括する学校の最終責任者であり、教育委員会や他の機関と連絡調整をする役割を担っています。管理職の姿勢によって、その統括下にある教

第2章　誰に、どう相談する？〜理解の輪を広げる〜

職員の動き方は変わります。

２００６年（平成18）に日本テレビ系列で放映された番組「NNNドキュメント'06 カナリヤの子どもたち」では、化学物質過敏症の子どもたちのことが取り上げられました。この番組の中で、化学物質過敏症の児童が入学した学校の校長が、近隣の農家に「農薬の散布時期を、子どもたちに影響が少ない時期にずらしてほしい」とお願いする場面がありました。これがどれだけ言いづらいことかは、学校に勤務しているとよくわかります。近隣の地域からの反発が予想されるからです。番組ではその校長の姿勢を見た教職員たちが、校内に風が流れているか、空気の淀みがないかなどを、次第に気にするようになったことが紹介されていました。

さらに新潟県の小学校で「休息ルーム」が用意されている例も紹介されていました。休息ルームでは大型の換気扇がフル回転しており、児童の具合が悪くなるたびに、児童自身の判断で教室から離れて、そこでき

れいな空気を吸って体を休められるようになっています。そのおかげで、化学物質過敏症のために学校に行けなかった少女が、参加できない授業はあるものの、通学できる喜びを感じることができるようになったといいます。

休息ルームができるまでには、いくつもの段階を踏まねばならなかったはずです。医師の証明書を添付した保護者の要望書に始まり、学校長が校医と相談して学校の見解をまとめ、市町村の教育長の意見があって、県教育長が認可をしてから、ようやく換気扇の工事などが実施されたであろうことが想像できます。

このように、学校長を含めた管理職の「理解」を得ることは、具体的な対策のためにとても大切です。理解が得られなければ対策は遅れ、化学物質に苦しむ児童生徒にとっては、学校に行きたくても行くことができない「不登校」にならざるを得ないかもしれないのです。

教育は受ける側のためにある

シックスクールを「理解」してもらうには、保護者が「医師の診断書」や「医師の指示書」を提出することがとても大切です。参考となる指示書があれば、学校は対応しやすいからです。

問題が一番こじれやすいケースは、管理職の責任において行なわれたことで、問題が起きた場合です。保護者や一部の教職員が"危険"としたワックスを強制的に塗布したり、農薬を散布したりした結果、養生期間を満足にとれない工事を強行したり、シックスクールを発症、または症状が重症化して登校できなくなった場合などです。

責任問題や補償問題が起きると、事態は悪化してしまいます。このような問題が起きる前に、教育の原点に帰ることです。教育は、与える側（学校側）のためにあるのではなく、教育を受ける側（児童生徒側）のためにあります。様々な教育論があるでしょうが、子どものことを思い、何がベストなのかを考え、できるところから実行することです。

児童生徒には何の責任もありません。だからこそ保護者と学校が一緒になって、現状でできる最もよい対策を考えなければなりません。その際に保護者は、化学物質が人（特に幼い子ども）に与える影響について、管理職が研修を受ける機会が少ないどころか、皆無に近いこともわかっておいてください。

5 学校医・かかりつけ医・保健所の場合

身体検査などの健康管理を行なう

すべての学校には学校医がおかれ、通常、内科医、耳鼻科医、眼科医、歯科医が委託を受けています。学校医は多くの場合、年度初めに来校し、身体検査を行ないます。短時間の簡易な検査ですが、児童生徒一人ひとりを診ます。ただし、シックスクールの発症を予測できる医師は、全国的にもまだ少ないと思われます。

学校で体調が悪くなった時には、かかりつけ医に診せることが多いと考えられます。子どもを小児科や内科に連れて行き、医師の問診に答えながら診察を受けることになるでしょう。

「ある教室に入ると、必ず咳が出る」と訴えて診察を受けに来た児童生徒に対して、"床に塗るワックス"、"カーテンの難燃剤"、"鉢花"などと患者の症状を結びつけて考えられる医師が、どれだけいるでしょうか。

「教室は新しくできたところか」
「教室はどんなにおいがするか、何が置いてあるか」
「教室以外で咳が出る場所はあるか。あるとしたらどこで、そこには何があるのか」

などと質問してくる医師であれば、咳の原因が化学物質であることを疑っていると考えられます。

そうでなければ「咳が出てのどが腫れているから、風邪でしょう。しばらく様子を見ましょう」などと診断され、対症療法として咳止め薬が処方されることにもなりかねません。保護者の側から、「子どもの症状は、シックスクールによるものかもしれません」と、医師に伝える必要があります。シックスクールから子どもを守るには、保護者もある程度の知識を持つことが大切です。

一般的には、発症時に子どもを連れて行くとしたら、近隣のアレルギー外来だと思います。ですがもし、シックスクールの可能性が疑われたら、医師に診せる前に、まず保健所に連絡・相談することをお勧めします。保健所には前述の（p35参照）「シックハウス症候群に関する相談と対策マニュアル」があり、知見が整っていること、また地域の医療機関との連携がとれるのは保健所だからです。

受診前に曝露の可能性をチェック

保護者が医師に相談するときの失敗のほとんどは、シックスクールについての知見がない医師に診せることから始まります。シックスクールはただでさえ、ほかの症状と誤診されやすいことを知っておく必要があります。学校の工事や修繕に伴って体調不良を起こしたのであれば原因がわかりやすいのですが、新しい下駄箱が入ったというような小さな変化では、症状と原因を結びつけにくいのです。

少しでもシックスクールが疑われる場合は、学校やその周辺で変わったことがなかったかを、子どもと一緒に考えてください。学校の敷地内だけでなく、周辺工場から見えない有害物質が流入する可能性も考えられます。水田が学校のすぐそばにあれば、高濃度の農薬が空中散布されていた場合もあります。子どもが幼ければ幼いほど、化学物質の影響を受けやすいこともふまえておきます。受診前には、最低でも以下の項目に曝露した可能性はないか、チェックしてみてください。

〈受診前のチェック項目〉

(1) VOCsのような揮発性有機化合物に曝露した可能性はないか

・接着剤・塗料を使用、もしくは誰かが使用していなかったか

・新しい衣類を着てきた人はいなかったか

・周囲で、形態安定シャツなどにアイロンをかけた人はいなかったか

・近隣で工事をしていなかったか

(2) 難燃剤・可塑剤に曝露した可能性はないか

第2章　誰に、どう相談する？〜理解の輪を広げる〜

・プラスチック製品（テレビ・パソコン・壁紙など）を新しくしたか
・繊維製品（カーテン・じゅうたん・ソファなど）を新しくしたか
・ワックスを塗り直したか

(3) 農薬に曝露した可能性はないか
・半径2km以内での農薬の空中散布はなかったか（過敏状態では20km先まで反応することもある）
・近隣で農薬を散布していなかったか（殺虫剤、除草剤、殺菌剤など。ガーデニング用も含む）
・近隣で害虫駆除をしていなかったか（防蟻剤など含む）
・畳の防虫シートを取り替えたか
・家庭用殺虫剤を使用していなかったか（スプレー・設置・吊すタイプ、燻蒸型殺虫剤、除虫菊以外の蚊取り線香、衣類用防虫剤、芳香剤も含む）

「シックハウス症候群に関する相談と対策マニュアル」では、最寄りの内科、アレルギー科、小児科、耳鼻科、皮膚科に行くことを勧めていますが、さらに専門医として、私の知る限りですが、厚労省の科学研究費研究者として、シックスクール問題に関わった医師がいる医療機関には以下があります。ただし、現在どのように対応しているかは、これらの医療機関に事前に確認・相談してください。

都道府県の労災病院
国立病院機構（盛岡・高知）
北里大学北里研究所病院

・青山内科小児科（群馬県前橋市）
・かくたこども＆アレルギークリニック（宮城県多賀城市）
・横浜市立みなと赤十字病院（神奈川県横浜市）
・神奈川歯科大学附属横浜クリニック・眼科（神奈川県横浜市）
・宮城厚生協会坂総合病院・小児科（宮城県塩釜市）
・旭川医科大学病院（北海道旭川市）
・東北大学病院（宮城県仙台市）
・東海大学医学部附属病院（神奈川県伊勢原市）
・そよ風クリニック（東京都杉並区）

61

どのような場合でも、受診の際には、シックスクールの知見がない医師もいることを念頭においた上で、その可能性があることを伝えてください。その上で、専門病院への紹介状を書いてもらうことです。ただし専門病院が遠方の場合は、通い続けることは難しいでしょうから、今後の治療のためにも、また緊急時の対応のためにも、近隣の医師に「理解」してもらうことが大切です。それは、他にシックスクールの患者が出た場合に、誤診を減らすことにもつながります。

6 学校事務職員の場合

学校で使用する物品の購入役

保護者の方の多くはご存じないかと思いますが、学校の物品を購入し管理する仕事の多くは、学校事務職員が担当しています。ほとんどの学校に1人ないし2人が、専門職員として配置されています。

主な仕事は、以下の通りです。

（1）学校予算の執行と管理‥必要な物品の購入、学校施設の維持管理など、教育課程の実施に伴う財政的フォロー

（2）納付金の取り扱い‥給食費の納付、食材購入業者への支払いなど

（3）教職員の給料や旅費などの支払い

（4）教職員の福利厚生

学校予算のほとんどは、勤務する学校の教職員の要望を受けて計画が立てられ、校内査定、教育委員会査定を経て、さらに自治体の首長査定を受けて決定します。どのような方針で何を購入し、活用するのか。学校の力量が問われる分野といえます。

たとえば教室や廊下、体育館の床に塗るワックスを

62

第2章 誰に、どう相談する？〜理解の輪を広げる〜

選ぶ場合は、特別な考えがなければ、学校事務職員が直接、業者と折衝しワックスを選びます。その時の選択基準は通常、「価格」「業者のサービスのよさ（現場でワックスの塗り方を指導してくれるなど）」「これまでの業者とのつきあい」「安全性の高さ」などが考慮されることでしょう（これ以外に、市町村指定業者にするなどの規定がある場合もあります）。

学校で購入する物品は、量もさることながら様々なものがあります。教材一つをとっても、気温などを測る百葉箱から、ドングリに穴を開ける低学年の児童用の専用ドリルまであります。カタログも、教材カタログ、理科教材カタログ、体育用品カタログ、楽器カタログ、図書館用品カタログ、視聴覚機器カタログ、清掃用品カタログ、給食調理施設カタログ、オフィス用品カタログ、農機具カタログ、電気設備カタログなど、それだけで棚がいっぱいになるほどです。

「価格が安く、学校の見た目がきれいになる」物品があれば、管理職、教育委員会、財政部局などの承認を受けやすくなり、自然とその方針で物品を購入しがちになります。除草剤をまいて雑草が生えない〝きれいな校庭〟を見て、その管理方法が評価される学校であれば、事務職員は翌年度の学校予算にも、購入できるように組み込むでしょう。

現在のところ、使用する物品について細心の注意を払っている学校は、シックスクールで苦しむ児童生徒が在籍しているか、対応を迫られた学校だけではないでしょうか。保護者の方の多くは、学校でどのような物品が使われているか、つまり自分の子どもが教室でどのような化学物質に曝露しているかを知らないと思います。同じようにほとんどの学校事務職員は、自分の選択によって、シックスクールを発症して児童生徒が苦しむ可能性があることを知りません。

しかしながら現在は、全国に少数ではありますが、様々な知識を持ち、研修を重ね、児童生徒が発症しないように工夫をしている学校事務職員が存在します。児童生徒のために頑張っている彼らを、どうか温かい目で見、協力してあげてください。

知識を得て参加してもらう

児童生徒が安全に学校生活を送るには、学校事務職員にシックスクールについての知識を十分持ってもらうことが大切です。学校事務職員がシックスクール対策に果たす役割は、思いのほか大きいからです。

お子さんの通う学校には、「MSDS（Material Safety Data Sheet：化学物質安全性データシート）」が備えられているでしょうか。MSDSとは、製品に含まれる化学物質の性状および取り扱いに関する情報シートです。「化学物質排出把握管理促進法（化管法）」で規定された対象化学物質（2013年2月現在、562物質）について、それらを使った製品を譲渡・提供する際に、事業者がMSDSを事前に提供することが義務付けられています。製品に含まれる化学物質の成分や取り扱い上の注意、応急措置などが記されています。ただし含有量1％未満の化学物質については表示義務がなく、完全なデータではないことも覚えておいてください。

お子さんの通う学校には、「MSDS（Material Safety Data Sheet：化学物質安全性データシート）」が備えられているでしょうか。MSDSとは、製品に含まれる化学物質の性状および取り扱いに関する情報シートです。

児童生徒への配慮をしている学校事務職員であれば、取り扱いに注意が必要な製品のMSDSを用意しているはずです。MSDSを見せながら説明してくれるような方であれば、その学校の児童生徒は本当に幸せです。保護者は、その学校事務職員の意見をよく聞き、学校の安全のために何ができるかを一緒に考えていってほしいのです。

また保護者の方がシックスクール対策を学校に相談に行くとき、管理職や担任教諭、養護教諭だけでなく、学校事務職員も対策メンバーに加えてもらうことは、とても重要です。管理職の中には、自分だけが相談を受け、他の職員には自分が伝えると言う方もいるかもしれませんが、当事者の生きた言葉を直接、少しでも多くの職員に伝えなければなりません。

学校事務職員に本当に伝えたいことが伝わらなければ、これまでと変わらない物品が選択されるかもしれません。そしていったん化学物質で汚染されてしまうと、過ごしやすい環境に戻すための経済的な負担は、かなり多額になります。子どもの安全が一番という意

識を学校の中に行き渡らせるためには、学校事務職員の存在が欠かせないのです。

7 用務員の場合

施設管理を行なう役割

用務員（この名称は自治体によって様々ですが、わかりやすさに配慮した名称を使用しています）は、長い場合は10年以上も一つの学校に在籍することがあり、学校や地域のことをよく知る存在でもあります。ですから後から赴任してきた職員が、以前からいた用務員のやり方を簡単に変えるのは難しいものです。「今までのやり方を簡単に変えるのは難しいものです。「今まで平気だったこと」が危険と言われ、そのやり方を変えなければならないのは、心理的に大きな負担になるようです。

私が学校で化学物質の害について話すと、「私の（用務員としての）やり方の、何がいけないのでしょうか」と質問されることがあります。そのやり方とは、校庭に除草剤を撒き、植えられた草花や樹木に殺虫剤を撒き、清掃用のモップに帯電防止剤を使うことでした。しかもこうしたやり方は管理職や保護者からも、「あの用務員さんのおかげで雑草はないし、花壇の花はいつもきれいに咲いているし、どこも清潔だ」と、その仕事を高く評価されることが往々にしてあります。

しかし実際、用務員自身の体に変調をきたすことがないわけではありません。日常的に除草剤や防腐剤を使っていたある学校では、散布していた用務員があまりに激しく咳き込むようになり、近くの病院に行ったところ、風光明媚な地域の学校で勤務しているにもかかわらず、医師から「空気の悪いところで働いているのでは」と聞かれたそうです。

私も、全身にかゆみをともなう湿疹、激しい頭痛、

胃壁が固まったような胃痛が連日続いたこともあります。化学物質の影響からくる症状だと考えられたので、その学校では、医療機関に相談するなどして学校に理解を求め、結局除草剤の散布が中止になりました。

手が回らないくらいがちょうどいい

これまで高い評価をされてきた用務員ほど、その仕事ぶりを変えてもらうのは、並大抵のことではありません。だからこそ学校事務職員と同じく、シックスクールの対策メンバーに用務員を加えてもらうことはとても重要です。学校で様々な経験を積んできた用務員であるからこそ、シックスクールへの「理解」を深めてもらうことで、児童生徒の安全に配慮した過ごしやすい学校に変えることができるはずです。

校舎や校庭がいかにきれいに見えようと、それが化学物質に汚染された結果だとすれば、苦しむのは化学物質に一番敏感な、児童生徒です。児童生徒も、校舎の周りをきれいにしてくれて、花壇を花でいっぱいにしてくれる用務員さんが大好きです。その大好きな用務員さんが、見た目を大事にするあまり、有毒な化学物質を学校中に撒き、その結果としてシックスクールを発症し、学校に来られない友達がいることを知ったら、とても哀しむのではないでしょうか。

学校は、手が回らないくらいがちょうどいいのです。保護者が集まって校庭の草むしりをする。そのくらい雑草の処理であれば年に数回（あるいは月に１回）、雑草が生えている学校が、一番美しい学校だと思います。

第2章 誰に、どう相談する？〜理解の輪を広げる〜

8 PTA役員の場合

─対策メンバーに参加してもらう─

「シックスクールについて講演に来てほしい」と私に連絡してくれたのは、とある小学校のPTA役員でした。

その小学校では、プレハブの校舎と老朽化した校舎を一部利用しながら、2年かけて新築工事をすることになったのですが、まだ軽い症状でおさまっているものの、すでにシックスクールを発症した児童生徒がいました。教職員や市当局、さらに工事関係者にも、シックスクールについて知ってもらい、工事中の学校生活を少しでも安全にしたいという思いから、例年行なっているPTAの教養講座を利用し、私に講演を依頼してきたのです。このまま何も知らずに工事をすることで、新たに発症する児童生徒が出ることを危惧してのことだったと言います。

講演後、学校長からは「工事に伴い、目に見えない化学物質が現在使用している校舎に少しでも流れて行かないように作業をすることを、工事関係者が約束してくれました」との話を聞くことができました。

ところが次年度になり、工事を受注する会社が変更になってしまいました。困った学校長やPTA役員から、2度目の講演を依頼されました。再び学校を訪れると、昨年できあがった部分の校舎では、すでに授業が行なわれていました。新築建材のにおいはしますが、空気はしっかり流れていました。前年度の話を聞いてくれた教職員のみなさんが、換気に気を配っていることを感じました。

以下は2度目の講演を聞いた、工事現場の現場長の感想です。

「今回の講演を聞き、現在進行中の工事について、使用仕上げ材や下地・接着剤などの成分を、再度確認しました。今後も、確認を工事完了まで行ない、引き渡しまでの間に十分な換気を実施し、工事を終わらせたいと思っております」

結果、2年にわたる新築工事の間、シックスクールを発症していた児童も無事に通学でき、新たなシックスクールの発症もなく工事が完了したとの連絡を受けました。本当によかったと思っています。

新築工事に伴うシックスクール対策に尽力したのは、問題意識を持った一人のPTA役員でした。シックスクールの対策メンバーとしてPTA役員に加わってもらうことも、視野に入れるとよいのではないでしょうか。

9 教育委員会の場合

対策には複数の部署がかかわる

シックスクールに苦しむ子どもの保護者の方は、解決策を求めて、自治体の教育委員会に相談する場合もあると思います。教育委員会は保護者からの話を聞き取ると、すぐに学校に状況を確認します。学校現場を無視して対策を進めるわけにはいかないからです。結局のところ、子どもが通う学校が引き受ける問題となりますから、子どものことを一番よく知っている

担任教諭に相談することから始めて、学校から上部機関に相談してもらう方が早くて現実的だと思います。学校側の誠意を信じ、感情的にならずに対応をしていくことが大切です。

ただし、しばらく様子を見て、学校側が子どものために何も手を打たない、あるいは打てない、さらに学校側の姿勢もはっきりしないということであれば、そ

第2章 誰に、どう相談する？〜理解の輪を広げる〜

のとき初めて、今までの経緯を含めて、自治体の教育委員会に相談してください（同時に保健所への連絡もします）。

教育委員会の職責は、非常に大きなものです。教育長は教育機関の最終責任者です。また地域によって課名が異なる場合がありますが、学校教育のソフト面（児童生徒の健康管理、学習状況など）は「学校教育課」、ハード面（建物の管理、修繕など）は「教育総務課」が担当するのが一般的です。

シックスクール対策には、この両方の部署が関係します。たとえば校舎の修繕工事の原因となった場合、健康被害の相談窓口は学校教育課、原因を作った工事を発注したのは教育総務課と課をまたぐ案件となり、思うように対策が進まないことがあるかもしれません。

複数の部署に「理解」を求めるのは大変だと思いますが、必ず、理解を得て対策してもらえることを信じて、丁寧に話し合ってください。

10 議員・患者の会の場合

思い悩んだら声を届けてみる

住民の意見を行政に反映させる立場である議員へ、シックスクールで苦しむ現状を訴えるのは、悪いことではありません。

相談するのは地元の議員が中心になると思います。議会で学校教育・社会教育を扱う「文教委員会」のメンバーなら教育に関心が高いでしょうし、アレルギーなどの健康問題に、関心の高い議員もいるかもしれません。保護者の方が相談する際は、「議員は市民の立場の代弁者」であることを念頭においてください。議会でシックスクールについて取り上げてもらう、地域

に住む人に関心を持ってもらうなど、地域での「理解の輪」が広がるきっかけになるかもしれません。

また、各県あるいは近県に「患者の会」などがあれば相談してみるのもよいかと思います。民間団体では「化学物質問題市民研究会（東京都江東区）」や、NPO法人の「化学物質過敏症支援センター（神奈川県横浜市）」などもあります。会によって活動内容は様々なので、ご自分の判断で当たっていただくことになりますが、ほかの患者の方の情報を知ることができたり、相談することで気持ちが楽になることがあるかもしれません。

＊　＊　＊

ここまで、シックスクール対策をする上で、様々な立場の人に相談し「理解の輪」を広げる大切さについて述べてきました。繰り返しになりますが、学校で児童生徒と一日を一緒に過ごす担任教諭に、まずは理解してもらうことから始めてください。担任が理解し、行動した上で、学校と地域全体で支えることが最も良い方法だと思います。

シックスクールを発症した児童生徒のための対策が地域に広がれば、地域の人もよい影響を受けることになるのです。

70

第3章 シックスクール対策百科
〜シックスクールは防げる〜

まず始めてほしい3つの対策

本章では、具体的なシックスクール対策を挙げていきます。シックスクールを発症して苦しい思いをしている児童生徒が「こういう学校なら助かる」と感じられ、学校側には「こういう工夫があったのか」と理解してもらえるように、対策と方法をまとめてみました。

もちろん症状は一人ひとり違いますから、ここで挙げたことを全部行なっても、発症することはあるかもしれません。ですが早めに手を打つことで、確実にシックスクールの児童生徒が学校で過ごしやすくなるはずです。

さらには、こうした対策をとることは、まだ発症していない（ように見える）すべての児童生徒のためにもあります。対策をとることでトータル・ボディ・ロード（p31参照）が下がり、発症せずにすむか、たとえ症状が出ても軽くてすむかもしれません。

まず始めたい対策として「床のワックスを使うことをやめる」「学校敷地内では農薬を使わない」「農薬を浴びない通学路にする」ことを挙げました。なぜならワックスや農薬は、シックスクールの原因となる「有機リン剤」を含むことが多く、児童生徒からできるだけ遠ざけたい化学物質だからです。

この対策百科が、現在苦しんでいる児童生徒の症状の軽減と、これから先にシックスクールの児童生徒を一人も出さない「シックスクールの予防」に役立ちますように……。

ワックスをやめる

化学物質の影響は床面からが一番大きいこと（p27参照）、教室内では床が最も広い面積を占めることを

72

第3章　シックスクール対策百科～シックスクールは防げる～

考えると、ほとんどの学校で塗ることが当たり前になっているワックスについて、まず述べなくてはなりません。ワックスには、以下のような化学物質が含まれていることを知っている学校の教職員は、どれだけいるでしょうか。

1）TBEP、TBXPなど‥神経毒性を持つとされる有機リン剤

2）トルエン、キシレン、スチレンなど‥厚労省が定めた、シックスクールの原因物質とされる13種類のVOCs

3）ノニルフェノール系界面活性剤、フタル酸系界面活性剤など‥内分泌攪乱物質であることが疑われるもの

4）亜鉛などの重金属‥架橋剤（塗膜を作りやすくする薬剤）として使われ、蒸気を吸入すると呼吸障害を起こす可能性があるもの

「シックスクール配慮」と表示された製品があります。右に挙げたTBEPは「トリブトキシエチルホスフェート」と呼ばれる有機リン剤で、ワックスの可塑剤として使用されています。13種類のVOCsではないので、「対応」「配慮」とされたワックスにも含まれる可能性があります。これらのワックスを塗布したことで、シックスクールの児童生徒が、これまで他の児童生徒と変わりなく過ごせていた教室に入ることができなくなったケースが起きています（p74参照）。

人の健康や生態系に有害なおそれがあるとして、事業者の届け出が必要な化学物質は、「PRTR法（Pollutant Release and Transfer Register法）：化学物質排出把握管理促進法」で報告義務が定められているものだけで、計562物質もあります（2013年2月現在）。ワックスを購入する学校事務職員にも、納入業者も、教諭も、「配慮」「対応」と銘打たれたワックスに有機リン剤が含まれる実態や、シックスクールの発症原因が13種類のVOCsだけではない可能性を、知っていただきたいのです。

ワックスの中には、厚労省が定めた13種類のVOCsを含まないという意味で、「シックスクール対応」

子どもの不調はワックスが引き金？

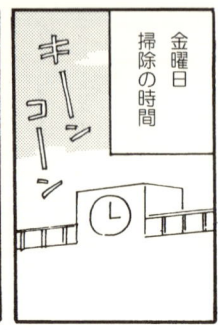

第3章　シックスクール対策百科～シックスクールは防げる～

学校敷地内では農薬を使わない

農薬にはシックスクールの原因となる「有機リン剤」が含まれていることが多く、児童生徒が農薬に曝露する機会を、できるだけ減らさねばなりません。そのためには、学校内や通学路などでの使用を控える対策をとることが大切です。

ある学校では、シックスクールの児童生徒のために、学校内で農薬を撒かないという決断をしました。すると、小学校1、2年生の間は学校に通うことさえできなかった児童が、3年生の1年間を無欠席で通うことができたのです。

除草剤に使われる化学物質について調べてみると、以下のような記述がみられます。

「帝京大学医学部の研究者は、体重1kg当たり、10mg〜50mgのグルホシネート・アンモニウム（筆者註：除草剤の一種）をラットに皮下注射すると、噛みつきなどの易興奮性がみられ、さらに、妊娠ラットに体重1kg当たり3mgまたは5mgのグルホシネート・アンモニウムを皮下注射すると、出産は正常であったものの、生まれた仔ラットは尾に噛みつくなど易興奮性を示した」（『農薬毒性の事典 改訂版』、植村振作ら著、三省堂より）

同事典によれば、"噛みつき"などの症状であらわれる興奮性以外にも、人が除草剤を曝露（経口、吸入、接触）した時に、次のような中毒症状を起こすことが報告されています。

・グルホシネートの中毒症状……重症の場合、けいれん、鼾声（いびき）、意識障害、呼吸マヒ
・グリホサートの中毒症状……眼や皮膚の炎症、吐き気、目まい、頭痛、下痢など
・パラコートの中毒症状……顔面蒼白、全身不快感、下痢、粘膜の炎症、びらんによる口腔・咽頭・食道・胃などの痛み、ショックなど。死亡率は70〜80％と高い

除草剤を使えば草が生えないという、"見た目"を維持する代償として、これらのリスクはあまりに大きすぎるのではないでしょうか（p78参照）。

農薬を浴びない通学路を

農薬の代表的なものとしては、害虫を殺す「殺虫剤」、土壌中の菌を殺す「土壌消毒剤」、雑草を枯らす「除草剤」、発根などを促す「植物生長調整剤」があります。数年ほど前から、ホームセンターなどの農薬コーナーに、以下のような内容の告知があるのを見たことがあるでしょうか。

「農林水産省と環境省より住宅地などにおける農薬使用について知事・市長宛に指導が出ており、特に散布時の配慮については以下のように書かれております。

1　農薬を散布する場合は、事前に周辺住民に対して農薬使用の目的・散布日時・使用農薬の種類について十分な告知を行なってください。

2　農薬散布地域の近くに学校・通学路がある場合には、最寄りの学校や子供の保護者などへの告知を行ない、散布時間にも最大限配慮してください。

当店で農薬をお買い求めいただきましても、目的のご理解とご協力をお願い致します。」

この告知の一番の目的は「住宅地などにおける農薬事故の防止」です。近年、農薬による事故が知られるようになったからでしょうか、右記の告知に書かれた"知事・市長宛の指導"（「住宅地等における農薬使用について」、2003年（平成15）9月16日付、2007年（平成19）1月31日付改訂）では、人の手で害虫を捕殺するなどして、できるだけ農薬を使わない方法を勧めています。農薬を散布する作業者が、これほどまでに安全に配慮しなければならないのは、農薬が人間にとっても"毒"であるからにほかなりません。

たとえば殺虫剤の主成分である有機リン剤は、昆虫の神経伝達を阻害する"神経毒"として作用します。人と害虫で同じ神経伝達物質に作用する農薬も多く、誤って飲んでしまい死亡事故が起きたケースもあります。また最近では、有機リン系農薬からネオニコチノイド系農薬に主流が移ってきているようです。ネオニ

1ヵ月前の除草剤でシックスクールに

第3章　シックスクール対策百科〜シックスクールは防げる〜

どうやら1カ月ほど前に撒かれていたようなんです

それでどうだったんですか？

1カ月前？本当にそこまで人体に影響が出るものなんですか？

正確に言うと40日くらい

雑草がひどく何日かに分けて撒いたのだそうです

保護者の方は子どもと参加したかったのにとにかく苦しくて…

途中で帰ってしまったことを申し訳ないと話していました

だけど一番良くなかったことは

そんな場所で子どもたちに1カ月も練習させたことですね

ええ…

コチノイド系農薬は当初、人への毒性が低いとされ、世界中に広まりました。しかし1990年代の初め頃から、ミツバチの大量死の原因物質としての危険性や、神経伝達を阻害し人の脳にも影響を及ぼす可能性などが指摘されています。害虫にだけ作用する農薬を開発したり、毒性試験を行なったりして、安全性への配慮はなされていますが、農薬の毒性を忘れてはいけません。

学校では児童生徒に「農薬を撒く作業者が、何のために長袖を着、保護メガネやガスマスクを着けているか」を、教えておく必要があります。長袖は飛散した農薬が直接皮膚に付かないようにするためであり、保護メガネやガスマスクは鼻からの吸入や目の粘膜からの吸収を防ぐためです。

せめて児童生徒の通学路だけでも、農薬を浴びにくい環境をつくることが大切なのです。

第3章　シックスクール対策百科〜シックスクールは防げる〜

PART1・場所別

教室・廊下

児童生徒が一番長い時間を過ごす教室は、化学物質で汚染されていない清浄な環境でなければなりません。

・床、天井、壁、ガラス、黒板、ロッカー、カーテンなどの材質に問題はないか
・書棚、机、椅子、配膳台の材質や塗装に問題はないか
・オルガンなどの楽器類、テレビやパソコンなどの電化製品から化学物質が揮発していないか
・石けん、洗剤、文具など、含まれる成分について考えられているか

など、気配りが必要なことはたくさんあります。安全な教室にするには、今まで当たり前だと思っていたことを、もう一度見直してみることが何より大切です。

床のワックス	
⚠ 発症の原因	有機リン剤など
✚ 対策	できるだけ使用しない／使用する場合は、含まれる成分を確認する

教室・廊下

児童生徒がシックスクールを発症した、あるいはシックスクールの児童生徒の転入が決まった場合に、一番先に対応してほしいのが床のワックスです。教室内で一番面積が広い場所であり、化学物質の影響が最も出やすい場所だからです。特にワックスの成分に、TBEPなどの有機リン剤が含まれていないかどうかがポイントです。MSDS（化学物質安全性データシート）では「可塑剤」とのみ記され、成分名までは確認できないことが多いため、必ず販売店を通じて確認してください。有機リン剤が含まれるワックスを塗布していた場合には、たとえそれが「シックスクール対応」「シックスクール配慮」と銘打たれた商品であっても、一度洗浄をかけて塗り直す必要がでてきます。

ワックスには水性（ロウが主成分）、油性、樹脂が

ありますが、ロウの洗浄は簡単にはできませんので、水性ワックスを塗っていた学校では、必ず業者に相談してください。

塗り直す場所は、教室だけでなく、廊下、体育館、講堂などを含む校舎全体です。廊下の床材として一般的に使われている"Pタイル"は、そもそも雑巾を固く絞って拭くだけで維持管理できる製品です。美化の目的だけでワックスを塗るならば、本来必要ないことなのではないでしょうか。今までワックスをかけていなかったところに、新たにかける必要もありません。

ただし、これまでも有機リン剤を含まないワックスを塗っていたのであれば、そのままでかまわないと思います。転入してくる児童生徒の保護者には、前の学校で塗っていたワックスの銘柄を、教えてもらうとよいでしょう。

82

第3章　シックスクール対策百科〜シックスクールは防げる〜

壁紙		
発症の原因		可塑剤／接着剤／塗料
対策		天然素材を使う（ただし臭気の少ないもの）

化学物質に過敏な反応を起こすシックスクールの児童生徒にとって、他の児童生徒ではにおいも感じないような教室の壁紙でさえ、脅威になることを理解したうえでの対策が必要になります。

当たり前のように貼られている塩化ビニール（塩ビ）製の壁紙には、「可塑剤」としてフタル酸エステル類が使われていることがあります。壁紙を貼る接着剤には、そのほとんどにホルムアルデヒドが使われます。

2004年（平成16）3月発行の『学校環境衛生管理マニュアル』（現在は平成22年3月発行の改訂版）によれば、「可塑剤はポリ塩化ビニル等の材料に柔軟性を与えたり、加工をしやすくするために添加する物質のことである。種類は多いが代表的なものはフタル酸エステル類とアジピン酸エステル類である。一部は内分泌かく乱物質（環境ホルモン）として取り上げられている。」と記されています。

対応策としては、今ある壁紙をはがして、珪藻土を主原料にしたボードを貼る方法や、昔ながらの漆喰、あるいは和紙や天然素材の板を貼り合わせる方法などが考えられます。ただし漆喰などを塗りやすくするために、接着剤が使われている場合もあるので、天然素材だからと安心せず、全体的な臭気を確認したうえで選んでください。天然油脂をベースにしたいわゆる自然派塗料にも気をつけなくてはなりません。揮発性の有機化合物を発生させると言われています。

重症化している児童生徒のための特別な教室（化学物質で苦しくなった時に、一時的に退避できるクリ

教室・廊下

ンルームなど）には、さらに注意深い対処が必要です。天然のものと建材などに化学物質の使用が少ないことは必須条件ですが、それだけでは十分ではありません。たとえば、ヒノキの香り成分〝ヒノキチオール〟に反応する児童生徒もいます。針葉樹の木材は、このような揮発性の有機化合物を持つことがよくあります。だからといって安心せず、工事や修繕などを行なってください、児童生徒一人ひとりの状況に合わせた（参考図書：『化学物質過敏症を工夫で乗り切る❶ 住まい対策実践編』足立和郎著、アットワークス、2011年）。

机・椅子	
⚠ 発症の原因	合板の接着剤
✚ 対策	こまめに換気する（窓の開閉／換気扇を回す）

学校の机と椅子のほとんどは、集成材の合板で作られています。合板を作るのにホルムアルデヒドを含んだ接着剤が大量に使われていることが多く、化学物質の恒常的な曝露が心配される製品の一つです。

前述の『学校環境衛生管理マニュアル』には、「第2章 学校環境衛生基準 第6 雑則

1 臨時検査

1 学校においては、次のような場合、必要があるときは、臨時に必要な検査を行うものとする。（中略）

（3）新築、改築、改修等及び机、いす、コンピュータ等新たな学校用備品の搬入等により揮発性有機化合物（著者註：VOCs）の発生のおそれがあるとき。」と明記されています。同マニュアルには、揮発性有機化合物を採取する方法や時間などの検査方法が具体的に記載されていますので、参考にしてみてください。

臨時検査を行なうか行なわないかは別として、児童生徒の健康を第一に考え、窓の開閉を習慣化してこまめに換気する、換気扇を活用して24時間換気するなど

84

第3章　シックスクール対策百科〜シックスクールは防げる〜

の対策を講じてほしいと思います。風通しがよくなるように、机の中にはあまり、ものを置かないようにしてください。特に布類は、布がホルムアルデヒドを吸着してしまうことがあるので、別の場所に置きましょう。

近年では、安全性を確保するためにF☆☆☆☆（フォースター）マークのついた机や椅子を購入するケースが増えていますが、F☆☆☆☆であれば安全とは考えないことです。

ガラス	
⚠ 発症の原因	ガラスを固定させるシリコンのパテ
✚ 対策	ガラスを修繕した場所から児童生徒を遠ざける

ガラスが割れた場合、学校はすぐに対応措置をとります。特に外部から侵入できる位置にあるガラスであれば、防犯上も放置できないので、早急な対応をしなければなりません。

ガラスを替える方法は一般的に、破損したガラスを取り外し、同じ大きさのガラスをゴム枠（サッシについているゴムパッキング）にはめ込んで固定させます。

しかしゴム枠がないガラスの場合、両側からシリコンのパテを塗り、ガラスを安定させることになります。これがシックスクールの児童生徒にはつらいと考えられます。修繕した場所から、シックスクールの児童生徒を遠ざけるようにしましょう。

余談ですが、ガラスが割れる原因のほとんどは児童生徒の不注意によるものです。私が勤務した学校では、有機リン剤などを含まないワックスに変更した年から、

COLUMN

F☆☆☆☆とは

　ホルムアルデヒド発散量の等級を示す規格に「F☆☆☆☆～☆マーク」があります。F☆☆☆☆は、ホルムアルデヒドの揮発を抑えた安全性の高い製品として認識され、内装仕上げの使用制限がありません。

　安全性を確保するためにできたF☆☆☆☆ですが、化学物質に過敏な反応をする方にうかがうと「F☆☆☆☆の建材で造った家なのに、3カ月を過ぎたあたりから、今までと同じか、それ以上の息苦しさを感じた」と言うのです。これはいったい、どういうことなのでしょうか。

　F☆☆☆☆の基準を満たすために、F☆☆レベルのものに、ユリヤ樹脂、アミン系化合物、ヒドラジン化合物といったいわゆる"ホルムアルデヒドキャッチャー剤（ホルムアルデヒドの放散を抑えるもの）"が使われていることがあります。そのホルムアルデヒドキャッチャー剤が、時間とともに作用が劣化し、結果的にホルムアルデヒドの放散を抑えられなくなってしまうのではないかと考えられています。

　新規に机や椅子を導入した教室で、ホルムアルデヒドなどを検査する時は、ホルムアルデヒドキャッチャー剤が効果を発揮している時期ですから、当然基準値以下になり、検査は通ってしまいます。常識的には、時間の経過に従って放散が少なくなると考えられていますから、いったん基準値以下という結果がでれば、以後の検査はほとんど行なわれない可能性があります。

　検査結果は一時的な数値でしかありません。検査時の気温や湿度などによって放散速度や量が変わりますから、基準値以下でも安心せず、換気扇などを上手に使って新鮮な空気に入れ換える習慣をつけてください。

表4　F☆☆☆☆～☆マークの基準

現在の表記 （従来のJAS・JIS性能表記）	ホルムアルデヒド放散値		内装仕上 制限率
	平均値	最大値	
F☆（Fc2、E2相当）	5.0mg／L以下	7.0mg／L以下	室内使用禁止
F☆☆（Fc1、E1相当）	1.5mg／L以下	2.1mg／L以下	床面積の0.3倍以内
F☆☆☆（Fc0、E0相当）	0.5mg／L以下	0.7mg／L以下	床面積の2倍以内
F☆☆☆☆	0.3mg／L以下	0.4mg／L以下	制限なし

教室・廊下

第3章　シックスクール対策百科〜シックスクールは防げる〜

ガラスの交換のための経費が徐々に減り始め、3年目には児童の不注意による破損のためのガラス交換費用が0円になりました。子どもたちの気持ちが安定してきた証拠と思い、「落ち着いたいい学校になった」と嬉しくなりました。

教室・廊下

黒板	
⚠ 発症の原因	接着剤/塗料
✚ 対策	接着剤を使わず、ビス留めなどで対応／養生期間をとる

通常、教室に置かれている黒板はほとんど問題ありません。しかし古くなった黒板を取り替える場合には、シックスクールの児童生徒に配慮した方法を選ぶ必要があります。

工事が短時間ですむ方法として、黒板の板だけをリフェイス（再生する）方式がとられることが多くなっています。新しい黒板の板を、古くなった黒板の上に貼り付ける方法です（新しい板は、製造した後に十分に乾かして化学物質の揮発がないものがよいでしょう）。

私の勤務校では、貼り付ける際に、古い黒板に接着剤を塗るとのことだったので、業者と話し合い、接着剤を使いたくないことを伝え、代わりに数カ所をビス留めする方法に変えてもらいました。

修理は夏休みに入った直後に始めるのがよいでしょう。もし黒板を支える部分に腐食が見つかり、腐食部分の補修に少量でも接着剤を使わなければならなくなった場合でも、より養生期間を長く確保できるからです。

また、黒板塗料を使って塗り直すという選択をしな

87

教室・廊下

ければならない場合は、塗料に含まれる化学物質を揮発させ、長期間の養生期間をとる必要があります。ただし、塗料成分の揮発には時間がかかりますので、この選択はあまり賢明ではないと思います。

ロッカー・書棚・配膳台

発症の原因	塗料／接着剤
対策	新品は養生期間をとる／換気をする／封止効果がある塗料を塗布／無垢板を使う

ロッカー、書棚、配膳台の表面積は思いのほか広いことから、素材によってはシックスクール発症の可能性を考えなくてはなりません。新たに購入を考える場合には、金属（スチール）製のものをお勧めします。木製のものより接着剤の使用が少ないですし、金属製でも特に、焼き付け塗装されているものであれば、加工段階で化学物質が揮発しているからです。

製品納入後は、最低1週間以上の養生期間をとります。さらに曝露を少なくするために、児童生徒の下校後に教室の窓を開け、十分な換気をしましょう。ロッカーなどの扉は、開けた状態にしておくとさらに効果的です。教室内に換気扇があれば、24時間換気して常時空気が回るようにすることで、より早く臭気が飛ばせます。

すでに備え付けられていて動かせない場合は、封止効果がある塗料（ホルムアルデヒドなどの放散を抑えたりすることができる塗料）を塗布するなどの方法を使わずに製作し、無垢板に柿渋を塗った書棚を、特注品で作ったことがあります。こうした物品は、一度備えつけてしまうと簡単に入れ替えできないので、慎重に選んでください。

88

第3章　シックスクール対策百科～シックスクールは防げる～

また、現在使用中のものは、シックスクールの児童生徒が苦しんでいなければ、すでに化学物質の放散がなくなっていると思われますので、そのまま大切に使ってください。古い製品を丁寧に使って長く持たせることも、シックスクール対策になります。

教室・廊下

カーテン	
⚠ 発症の原因	防しわ加工剤／難燃剤
✚ 対策	オーガニックコットン製は、こまめに洗濯／難燃加工や防しわ加工されていない化繊のものを選ぶ

教室に新しいカーテンを入れるだけで体調をくずす児童生徒がいることは、にわかに信じがたいかもしれませんが、本当のことです。おもな原因は、防しわ加工に使われるホルムアルデヒドや、防炎加工に使う難燃剤にあります。かつては難燃剤といえば、ハロゲン系難燃剤でしたが、燃えるとダイオキシンを発生することから、代わりに有機リン系難燃剤が使われるようになりました。

生地に練り込まれた難燃剤の成分は、カーテンが暖まると少しずつ揮発します。暖まって揮発してくる成分を吸入してしまうとシックスクールを引き起こす可能性があります。私も、ある販売店から〝燃えない安全なカーテン〟の見本が送られてきたので、試みに鼻を近付けてみたところ、予想をはるかに超える強烈な臭気にむせかえり、激しく咳き込んでしまいました。

カーテンを選ぶなら、難燃剤やホルムアルデヒドなどの薬剤を使っていない素材を選ぶことです。ただしオーガニックコットンは教室内の化学物質を吸着してしまいますので、こまめに洗濯して化学物質を洗い流す必要があります。薬剤を使っていない化繊のものを

教室・廊下

選ぶのも、選択肢のひとつです。ホコリや化学物質を吸着しにくい上に、カーテン自体も害を与えることが少ないと考えられるからです。

電子機器

発症の原因	プラスチックの可塑剤や難燃剤／接着剤
対策	教室に置かない／ベイクアウト期間をとる／換気をする／電源やコンセントは抜いておく

パソコン、CDラジカセ、テレビは授業では欠かせない道具になっています。やがては電子黒板や、実物投影機（書画カメラ、OHCとも呼ばれる）などが教室に置かれることも当たり前になるかもしれません。

しかし、電子機器がシックスクールの児童生徒を苦しませる原因になっていることは、案外知られていないと思います。

電子機器は、暖まると多くの化学物質を揮発します。プラスチックを燃えないようにする難燃剤（臭素系・リン系など）や、プラスチックの加工に使われた可塑剤（有機リン・フタル酸エステルなど）、さらに半導体の基板などに使われている接着剤もあります。

電子機器を導入した時には必ず、機器内の化学物質を揮発させる"ベイクアウト期間"をとりましょう。まず梱包は空気のきれいな屋外で解き、物品を安定させるために使われていたテープ類もすべてはがします。その上で電源を入れ、機器を作動させた状態で送風機を一定時間当てます（24時間×10日間程度）。学校でベイクアウト作業ができないようであれば、受注業者に依頼するのもよいでしょう。

ベイクアウトできずに設置する場合は、作動前に部屋の窓を開け、強力な換気扇で換気をしながら、電源

90

第3章　シックスクール対策百科～シックスクールは防げる～

を入れて機器内部の揮発性化学物質を排出させます。臭気を吸い込みやすいカーテンなどの布類は、できるだけ外しておきましょう。普段の時も、電子機器の電源コンセントは必ず抜いておくようにします。特に児童生徒の至近距離に、電源の入ったままの電子機器を置くのは避けてください。

児童生徒が一番長く時間を過ごす「教室」の環境を本当によくするために一番大切なことは何かを考える時期にきているのではないでしょうか。そうした意味も含め、私は電子機器を教室にはできるだけ置かない選択もあってよいのではないかと思っています。

換気扇・給気口

⚠ 発症の原因	風がなく化学物質が床に溜まる
✚ 対策	効率よく排気する

この項目は、「シックスクール対策のために、ぜひお願いしたいこと」として挙げました。それは、学校の倉庫も含めて必要と思われる場所に、強力かつ、換気と給気の切り替えが可能な換気扇をつけてほしいということです。

建築基準法が2003年（平成15）7月1日に改正された時、新築・増改築を行なう際には、すべての部屋に換気設備をつけることが義務付けられました。当時は、この改正法がシックハウス法と言われるくらい、シックハウス問題は深刻でした。改正法の主旨を踏まえ、児童生徒がいる場所のすべてに換気扇を設置した自治体もあったでしょう。教職員による窓の開閉を期待して、そこまで踏み込まなかった自治体もあるでしょう。何にせよ、換気の重要性に変わりはありませ

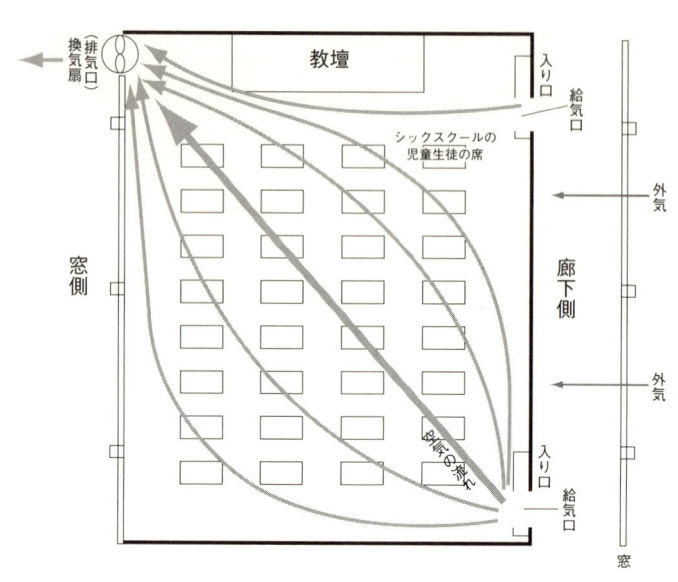

図19　教室内の換気設備の配置例

どこから空気を入れ、どこから出すのか、その学校全体の空気の質と流れを考えながら、換気扇を設置してください。たとえば給気口側に、駐車場（排気ガス）や田畑（農薬）、工場（塗装臭）などがある場合は、かえって有害化学物質を校内に取り込む結果になるからです。

以下は、換気設備を設置する際に注意すべき点を挙げます。

(1) 換気扇は、できるだけファンの大きな製品を付ける。

(2) 清掃がしやすいように、取り外しが可能な風よけ・雨よけを付ける。

(3) 換気扇をメンテナンスする邪魔にならないように、作り付けの棚などを置かない。

(4) 外気をシャットダウンできる機能があるものにする。外気を教室に入れたくない場合（隣の農地で空中散布している場合など）にも対応できるようにするため。

(5) 予算があれば、教室の斜め対角線上に2カ所、換気扇を設置するのが理想的。

第3章　シックスクール対策百科〜シックスクールは防げる〜

換気扇が1カ所の場合には、必ず給気口を確保する。たとえば教壇側の窓に換気扇を設置するならば、教室後方の廊下側にある戸の下部に、開閉できる窓（給気口）を取り付ける。給気口があると空気が回るため、高濃度の化学物質を排出できることがある（図19）。
(6) 給気口や排気口は、できれば床に近いところに付ける。一般的に化学物質は空気よりも重く、床に停滞する。外気がきれいな時は、換気扇を給気にして新鮮な風を入れ、床に停滞した空気を排出する。
(7) シックスクールの児童生徒が授業に参加できるのであれば、席の位置に配慮する。給気口からの新鮮な外気がシックスクールの児童生徒に当たるようにし、その後、教室内を抜けて窓や換気扇から排気されるよう、空気の流れをつくる。

特別教室

特別教室とは、理科室、音楽室、被服室・調理室、視聴覚室やパソコン室など、普段授業が行なわれる教室以外の部屋を指します。シックスクールの児童生徒によっては、特別な配慮がなければ入れない場所になることがあります。

特別教室に入ると普段と違う動きをする児童生徒がいたら、その背景には何らかの化学物質がかかわっているかもしれません。そういう意味では、シックスクールの発症を自覚していない児童生徒を、発見する場でもあります。専科教諭などは、担任教諭と連携をとりながら行動の違いを見抜いてください。

特別教室の授業では、どのような教材が使えそうかを本人や保護者とよく話し合いましょう。教材などの購入に当たっては、学校事務職員は、児童生徒の健康や教師の考えに配慮した教材を探す手伝いをしてほしいと思います。教材メーカーにMSDS（化学物質安全性データシート）を依頼し、そこから読みとれる化学物質の毒性を調べ、本当に安全かを確認することから始めてください。

何も手を打たなければ、シックスクールの児童生徒は授業を休む以外に方法がありません。難しいかもしれませんが、ほかの児童生徒と少し教材の形式が違っても、同じように習得できる教材を探せる可能性もあります（p47参照）。もし見つかったら、できればクラス全員で、その教材に切り替えることも検討してみてください。

第3章 シックスクール対策百科〜シックスクールは防げる〜

特別教室

理科室

⚠ 発症の原因	化学薬品
✚ 対策	換気をする／頑丈な薬品保管庫をつくる／薬品の栓をしっかり閉め揮発を防ぐ

理科室や理科準備室は、化学薬品の宝庫です。かつては「溶解」という現象を説明するため、パラジクロロベンゼンを使用する実験がありました。今になって考えるとパラジクロロベンゼンの毒性を理解している教師が少なかった、あるいは全くいなかったのではないかと考えられます。シックスクール問題について知っている教諭ならば、このような実験は行なわなかったはずです。

本来ならば、化学物質への理解が一番深いはずの理科担当教諭ですが、だからこそ化学物質を一番軽く見てしまう傾向があるかもしれません。シックスクールの児童生徒は、理科室での実験に参加できない場合が多いので、ビデオ教材などを使って、実験内容を説明する方法も必要だと思います。

これまで赴任したどの学校でも、理科室にはさまざまな薬品の臭気が重く立ちこめていました。薬品の保管は、頑丈な薬品保管庫にする必要があります。揮発した化学物質の流出を防ぐだけでなく、揮発による事故を防ぐためでもあります。高温になるとさらに揮発しやすいので、常温での保管を心がけましょう。

安全な理科室にするには、次のような工夫が必要です。

（1）理科室と薬品庫のある準備室に強力な換気扇をつけ、理科室にこもる化学物質を24時間排気する。

（2）出入り口に給気口、対角線上に排気用の換気扇を設置する。

（3）薬品類の栓を厳重にする。栓を閉めただけでは、中の薬品は揮発して外に出るので、栓の回りを

特別教室

ラップで巻き、輪ゴムで押さえておく。ペットボトル型の容器の場合、未開封でも栓から空気が出入りするので、密閉ボックスの中に入れて保管する。

（4）薬品庫を保管する準備室は（風が流れやすいように）整理整頓する。

（5）授業前には窓を開け、空気を入れ換えておく。

（6）シックスクールの児童生徒が授業に参加できるのであれば、席の位置に配慮する。給気口からの新鮮な外気がシックスクールの児童生徒に当たるようにし、その後、教室内を抜けて窓や換気扇から排気されるよう、空気の流れをつくる。

私の勤務校では、児童生徒が帰宅した後に、担当教諭とも協力して厚いマスクをして理科室に入り、薬品臭が抜けるように換気を心がけました。窓を開けるなどして、2年間ほどかけて換気をし続け、ようやくマスクなしでも理科室にいられるようになりました。理科室を使わなくてもすむ授業ならば、シックスクールの児童生徒のためにも、できるだけ空気のきれいな空間で授業をしてほしいと思います。

音楽室		
⚠ 発症の原因	✚ 対策	
木製楽器の接着剤／プラスチック	換気をする／楽器に風を当てる	

音楽室はホルムアルデヒドの検出率が最も高い特別教室の一つです。2005年（平成17）1月18日付の北海道新聞に、道内のとある高校では2003年（平成15）の夏に「ホルムアルデヒドの検査をしたところ、楽器庫の濃度が指針値の4倍にもなっていた」という記事が掲載されました。木製の楽器には接着剤が使わ

96

第3章 シックスクール対策百科～シックスクールは防げる～

特別教室

れているため、ホルムアルデヒドなどの化学物質を放出します。またリコーダーや鍵盤ハーモニカなど、口にくわえるプラスチックに反応する児童生徒もいます。プラスチック部分に金メッキをしてもあまり変わらず、楽器を吹く時には口がたらこ状に腫れてしまうそうです。ほとんどの学校では、音楽室は校舎の最上階の廊下の突き当たりにあります。窓を開ければ風の通りがいい位置にありますから、機会がある毎に積極的に空気の入れ換えをしましょう。窓を開けにくい冬場には、暖房を強めにしたうえで、積極的に給気口から外気を入れて空気が流れるようにしてください。床面、ある いは床に近い高さの排気口の設置も有効です。空気よりも重い化学物質を排出できます。夏場には楽器庫の整理をして、普段は使わない楽器にも風を当てましょう。

被服室・調理室

発症の原因	アイロン台や衣類／ミシン油／合成洗剤／調理器具／食材に使われた農薬
対策	換気をする／アイロン台をオーガニックコットン製に／洗剤を粉石けん・重曹に／プラスチックの食器を陶器やガラス製に

「被服室」でシックスクール発症の原因となるものには、

・アイロン台の生地や衣類に含まれるホルムアルデヒド
・ミシンに使うミシン油
・衣類の洗濯用洗剤

などが考えられます。アイロンをかけることで、アイロン台の生地や衣類の繊維に使われているホルムアルデヒドが揮発し、室内に充満する可能性があります。対応策としては、アイロン台の生地をオーガニックコットン製にします。取り外して洗濯ができれば理想的です。またアイロンを使う時には窓を開け、換気扇

97

特別教室

を強く回して排気を促すことです。

「調理室」で問題になるのは、調理に使う道具です。特にガス器具は、ガスの臭いがシックスクールの児童生徒にとって、思わぬ負担になるかもしれません。その他、プラスチック製品の食器類、野菜や果物などの食材に使われた農薬、調理用の洗剤なども発症の原因になると考えられます。

できれば食器類はプラスチック製をやめ、においのないことを確認した陶器製やガラス製に替えることで、臭気が減らせます。食材には農薬を使っていないものを調達し、洗剤は粉石けんや重曹に替えてほしいと思います。

どちらの部屋の場合も理科室と同じように（p95参照）、給気口から入ってくる新鮮な外気が、最初にシックスクールの児童生徒に当たるようにします。さらに教室内を抜けた空気が窓や換気扇から排気できるように、風の流れを工夫してください。

工作室・絵画室・美術室

⚠ 発症の原因	絵の具、粘土、ニスなどの教材すべて
✚ 対策	換気をする／別の場所でも授業を受けられるようにする

これらの教室では常時、絵の具、粘土、油性サインペン、ニス、インク、合板、洗剤、接着剤、塗料などが使用されます。こうした化学物質を含む工業製品を大量に使う授業では、シックスクールの児童生徒は教室に入ることすらできないかもしれません。シックスクールの児童生徒と保護者が、「ニス塗りの免除」などを願い出ることもあるでしょう。

給気と排気に配慮して、教室を換気するのが基本で

第3章 シックスクール対策百科〜シックスクールは防げる〜

すが、屋外など別の場所でも授業が受けられるようにするなどの工夫も必要です。教諭は使う教材について検討し、場合によっては、作業そのものを免除する、授業の時季を変えることなども視野に入れてください（p47参照）。

理想を言えば、作品は「ベイクアウトルーム」で乾かした後で飾るようにし、しかも別に「展示室」を用意するとよいでしょう（p100参照）。展示室は室温が低く、湿度も少ない教室がベストです。もちろん強力な換気扇を回し、いつでも空気が入れ替わっている状態にします。

視聴覚室	
⚠ 発症の原因	じゅうたんやカーテンの難燃剤／合板や音響機器の接着剤
✚ 対策	換気をする／じゅうたんを難燃加工や防虫加工されていない化繊のものに

十分な空気の入れ換えをしておくことです。暗室のように閉め切った状態で教室を利用する時には、カーテンを閉めたまま窓を少し開けておき、空気を循環させるという、わずかな工夫でも効果があります。どうしてもじゅうたんを敷く必要があれば、難燃加工・防虫加工されていない化繊のものにすれば、シックスクールの児童生徒も助かると思います。

音が漏れないようにするために、視聴覚室は特別な合板の建材（防音材）が使われています。じゅうたんを敷き詰めたり、使用時にカーテンを閉め切ったりする場合も多いことでしょう。音響機器類などの電子機器も多いですから、難燃剤や接着剤からの化学物質が充満する可能性が高くなります。

対策としては、教室を使用する前に窓を大きく開け、

特別教室

99

COLUMN

ベイクアウトルームと展示室を新設しよう

　「ベイクアウトルーム」とは、版画や絵画、習字などの作品を暖めて乾かし、化学物質を揮発させる（＝ベイクアウトする）ための部屋のことです。作品は展示前にベイクアウトして、できるだけ化学物質を揮発させておくのが理想です。

　もしベイクアウトルームを作ることができるなら、その位置を慎重に判断する必要があります。一度ベイクアウトルームにした教室は、（天井や床、壁に化学物質が染み込むため）再び普通教室には戻せないからです。さらに、ベイクアウトルームの換気扇から排出された空気が、校舎内に逆流しないことも大切です。

　児童生徒の作品の展示は、廊下や教室の壁に貼ったり、ロッカーの上に飾ったりするのが一般的ですが、私は「展示室」を作り、ベイクアウト後の作品を飾るのがベストな選択だと考えます。展示室は、室温が低く湿度も少ない状態にして、化学物質の揮発を抑えます。

　実のところ、ベイクアウトルームや展示室を、用意できる学校は少ないかもしれません。ですがシックスクールの児童生徒から見れば、自分が入れない、あるいは入ることができても苦しい特別教室で作られた作品が乾燥されずに持ち運ばれ、廊下や教室に飾られたら、そこでも曝露してしまうことになります。

　とりあえずできることは、児童生徒の作品を十分に乾燥させることです。目安としては、「これで乾燥した」と思った日からプラス3～7日間、乾燥させてから展示することです。

　その上でベイクアウトルームと展示室を新たに設置すれば、シックスクールの児童生徒も、友人たちの作品を見ることができるようになるかもしれません。

特別教室

第3章　シックスクール対策百科～シックスクールは防げる～

特別教室

パーソナル・コンピュータ室

発症の原因	パソコンの化学物質（難燃剤、可塑剤）／カーテンやじゅうたん（難燃剤など）／ホワイトボード用マーカーなど
対策	常時換気をする／こまめに床を掃除する／パソコンを壁側に並べる／大型モニターの使用を控える／ホワイトボード用マーカーを使用しない／じゅうたんの撤去／室内に観葉植物を置く

「シックスクールの発症が最も多いのはパソコン室」という調査結果があるほど、発症の原因が多い教室です。

前述の『学校環境衛生管理マニュアル』によれば、学校では定期的な検査以外に、必要があれば臨時に検査を行なうことが明記されています。それには、感染症や食中毒などのおそれがある場合などと並んで、「(3) 新築、改築、改修等及び机、いす、コンピュータ等新たな学校用備品の搬入等により揮発性有機化合物の発生のおそれがあるとき。」が挙げられています。

また電子機器、電子部品などの業界団体である㈳電子情報技術産業協会（以下、JEITA）は、2005年（平成17）9月に「パソコンに関するVOCガイドライン（2011年3月、PCに関するVOC放散速度指針値（第1版）に改定）」を作りました。パソコンからの化学物質の放散が、人体に影響を与える可能性があるという報道が、きっかけとなったようです。ここでのVOCs濃度の指針値は、学校環境衛生基準の1/10という低い値が示されています。現在、各社で適用時期は違いますが、JEITAの指針値に従ったパソコンやディスプレイなどの製造が推奨されています。

このこと自体はとても素晴らしいのですが、一つ問題があります。JEITAの指針値は、「1時間あたり2.2回の空気の入れ換え（換気）をした場合」を想定したものだということです。しかし現実は、指針値ができる以前のパソコンを使っている学校や、パソコン室に換気設備がない学校などでは、業界が自主規制し

特別教室

て作った指針値でさえ、クリアできていないのではないでしょうか。

また、神経毒性があるとされる有機リン剤（p35、p77参照）は、どちらの場合も計測対象にはなっていません。

このように学校での対応がまちまちな状況下にあって、児童生徒に安全なパソコン室を作るにはどのようにしたらよいのでしょうか。以下、今からできることも含めて、対応策を挙げていきます。

(1) パソコン室・パソコンの配置

・パソコン室を新設する時は、換気しやすい教室を選ぶ。校舎の隅の、窓が多い教室が理想的。
・パソコンの内蔵ファンから出る空気（パソコンから揮発する化学物質を含む）が、児童生徒に当たらないように、配置する。
・理想的には、パソコンを壁側に沿って一列に並べるのがベスト。内蔵ファンを壁側に沿って一列に並べれば、電磁波も避けること児童生徒に当たらないだけでなく、電磁波も避けることができる。

(2) 室内の空気

・授業がない時も窓を開け、常に空気の入れ換えをする。
・換気扇をつけ、パソコン室にこもる化学物質を24時間排気する。換気扇がつけられない時は、せめて扇風機や送風機を利用する。
・給気口と、その対角線上に排気口を作り、教室内に空気の流れを作る（p92図19参照）。
・理想としては、教室中央の天井に大型換気扇を設置し、壁に排出用の小窓（排気口）をつけるのがベスト。こうすれば天井から取り込んだ新鮮な空気が放射状に室内に広がり、児童生徒の背にまんべんなく当たって、排気口から効率よく排出される（図20）。
・席の位置に配慮する。シックスクールの児童生徒に、給気口からの新鮮な外気が初めて当たるようにし、その後、教室内を抜けて窓や排気口から排気されるようにする。

(3) パソコン室の床

・こまめに掃除をする。じゅうたんが敷いてある場合は、抗菌消臭されていないHEPAフィルター（空中の微細なホコリまで取り除くことができる高性能のフィルター）の付いた掃除機を使う。

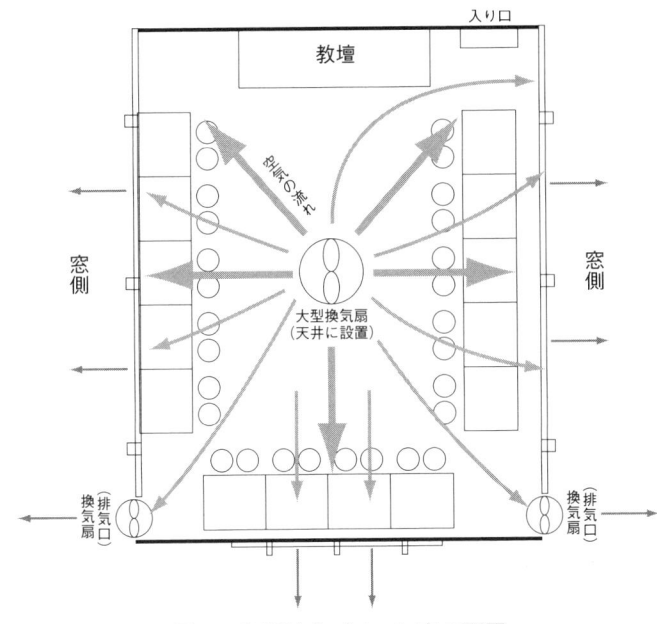

第3章　シックスクール対策百科〜シックスクールは防げる〜

特別教室

図20　理想的なパソコン室の配置

- じゅうたんをはがして元の床にする。
- 配線は天井にするなど、児童生徒から遠ざけるように配線する（電磁波を避けるため）。

(4) 周辺機器・文具・備品類
- ホワイトボード用のマーカーは使用しない（p152参照）。ホワイトボードは印刷したものを掲示するだけのスペースにする。
- 大型モニターの使用を控える、または児童生徒から距離をおく。これらの機器にはVOCsの自主規制がないので、パソコンよりも有害化学物質の発生源になる可能性がある。

(5) その他
- 窓を閉め切る夜間にも空気の浄化ができるように、室内に観葉植物を置く。

特別教室

図書室

⚠ 発症の原因	インクの有機溶剤／本棚・机や椅子の接着剤や塗料
✚ 対策	新しい本は天日干しにする／換気をする／室内外に観葉植物を置く／机や椅子を無垢材のものに替える

シックスクールの児童生徒は、図書室に長くいられない場合が往々にしてあります。インクの有機溶剤に反応して苦しむのです。さらに、ブックカバーの抗菌剤などに反応している可能性もあります。

児童生徒が図書室を利用しない時間を利用し、新しい本は開いて天日干ししたり、送風機などで風を当てできるだけ溶剤を飛ばすようにしましょう。また溶剤を吸収することを期待して、図書室内外に植物を置くとよいでしょう。管理の比較的楽な観葉植物（ゴムの木、オリヅルラン、トラノオ、幸福の木、ポトスなど）がお勧めです。さらに図書室の外に樹木や草花が植わっていれば、空気を浄化する効果がより期待できます。

私の勤務校では、図書室などの特別教室に、インドゴムの木を置きました。木を置く前は、理科室ではホルムアルデヒド、図工室ではトルエン、音楽室でもトルエンなどの計測値が比較的高かったのですが、インドゴムの木を置くようになってから、全ての教室で大幅に下がりました。

また図書室の什器からのVOCsを減らす工夫も大切です（p106参照）。購入手続きを早く終わらせたいと思えば、カタログに載っている製品を業者に注文すればすむことです。しかし什器から揮発するVOCsの、児童生徒に与える影響を考えると、とるべき手段は他にもあります。学校の予算は、未来を担う子どもたちのためにこそ使われなければなりません。理解のある業者と協力しながら、よりよい方法を考えてみてください。

第3章　シックスクール対策百科〜シックスクールは防げる〜

図21　排水トラップ

（図中ラベル）
- 排水口のフタ
- 排水管の上のカバー　これを取り外すと、排水パイプ内の悪臭が上がってくる
- 水封(すいふう)
- 臭気
- 排水管

トイレ	発症の原因	対策
	消臭剤／芳香剤／洗剤	換気をする／消臭剤を使わないで、臭いの元を取る／水洗いする

シックスクールの児童生徒のほとんどは、トイレの消臭剤や芳香剤を苦手にしています。特に「トイレボール」と呼ばれる、パラジクロロベンゼンを含む芳香剤の臭いは強烈です。トイレから出ても衣類にまとわりつき、時間が経っても臭いが消えません。私の場合、吐き気だけですめばよいのですが、嘔吐に至ることもあります。トイレの臭気をなくすには、これらの化学物質がなくてもできます。

（1）便器

重曹、酢、クエン酸（どれでもよい）を水で薄め、誰も使わなくなった時間帯に、便器にかける。排水管についた臭いの元を取ることができる。

（2）トイレの排水口

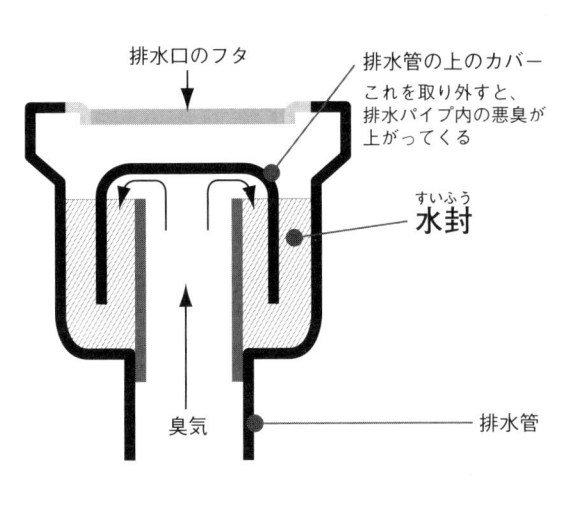

排水トラップ（図21）をこまめに掃除すると、臭い

図書室の机にもご用心！

図書館で本を読んでいると気持ち悪くなるんだよね

私も…

換気もしているし新しい本は天日干ししているんだけどねえ

ひょっとして…

机が接着剤とニスを使った合板製じゃないですか？

①接着剤を使わない
②無垢材を使う
③自然塗装

こうした机がいいですね

業者の方に相談してみましょう

特別教室

106

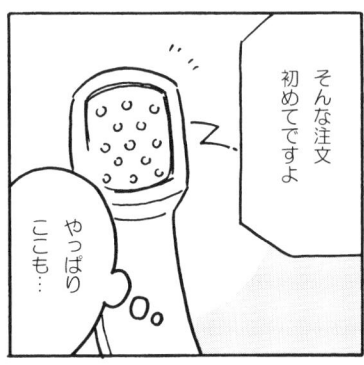

第3章　シックスクール対策百科〜シックスクールは防げる〜

特別教室

がおさまる。床面にある排水口のフタ、排水管の上にかぶさっているカバーなどを外して掃除をする。掃除が終わったら、元の状態に戻したあと、マグカップ1〜2杯くらい（300〜500ml）の水を注ぐ。排水管の周り（水封）に水がたまった状態になっていると、水が臭気をシャットアウトする仕組みになっている。水が乾くとまた臭気が上がるので、常に水があるようにする。

（3）天井の換気ファン
排気口の網にホコリがあるだけで、排気効率が悪くなる。網とその先の配管の掃除をする。

（4）給気口をつける
トイレに入るドアの下部に、給気口をつける。窓側のトイレの換気扇により廊下の空気がトイレに引き込まれ、トイレの臭気が廊下に漏れなくなる。

（5）夜間のトイレ
学校に児童生徒がいない夜間は、教室とトイレのドアを明ける。教室の換気扇を給気に、トイレの換気扇を排気にし、空気の循環が起きるようにする（給気と換気を逆にする場合もある）。校舎内のVOCsを排出する助けにもなる。

体育館

発症の原因	対策
ワックスの有機リン剤／壁の塗料／床の合板など	換気をする／有機リン剤が入っていないワックスに替える

体育館は学校の中でも臭気の強いところです。滑り止めのためのワックス（p72参照）、床の合板や緩衝材、モップの帯電材、壁の塗料、垂れ幕やカーテンに含まれる難燃剤など、シックスクールの児童生徒が苦

108

第3章　シックスクール対策百科〜シックスクールは防げる〜

体育館で行なわれます。有機リン剤を含まない体育館用ワックスがあるまで、シックスクールの児童生徒は体育館に入ることができませんでした。体育館の授業では教室で一人残って自習をしたり、行事には参加できなかったり、哀しい思いをしてきました。

また学校開放ともなれば、やっと歩きはじめた赤ちゃんが母親に連れられて来ることもあるのです。地域の体育館であればこそ、乳幼児に（もっと言えば胎児にも）、優しい体育館にしなければならないと思います。条件はそれぞれの学校ごとに違うと思いますが、原因を一つずつ取り除き、体育館に入れない子どもが出ないようにしてあげてください。

しむ原因となるものがたくさんあるからです。私の勤務校では、有機リン剤が入っていないワックスに切り替えましたが、光沢など、これまでのものと遜色がありませんでした。モップも油性オイル付きのものから、ノンオイルタイプのものに替えたところ、ホコリの吸着力は幾分劣りますが、体育館の床の臭気が和らぎ、モップ保管庫の独特の臭気はほとんどなくなりました。体育用具をしまっておく器具庫も、24時間換気ができると、体育用具から揮発する化学物質を、児童生徒が曝露することが少なくなると思います。学校の体育館は、体育の授業をするだけの場所ではありません。入学式や卒業式、合唱コンクールなども

保健室	
⚠ 発症の原因	薬品／布団などのクリーニング溶剤／カーテンの難燃剤やベッドの抗菌剤など
✚ 対策	換気をする／布団を天日干しする／カーテンをオーガニックコットンや化繊に替える

特別教室

管理する養護教諭の考え方によって、保健室はまったく違った場所になります。シックスクールに少しで

特別教室

も理解がある養護教諭であれば、保健室の化学物質の扱いについて真剣に考え、薬品の保管にも十分注意をすることでしょう。しかしシックスクールに理解のない養護教諭の場合は反対に、保健室を化学物質臭のただよう場所にしてしまうことも考えられます。注意が必要な点を挙げてみます。

(1) 薬品庫
- 新規に導入する場合は、庫内の臭気を十分飛ばす。
- 薬品は、密閉できるケースに入れてから薬品庫に入れる。
- 什器は十分乾燥させ、VOCsが揮発してから保健室に入れる。

(2) カーテン、ついたて、ベッドのマットレス
- 難燃加工、防腐加工、抗菌加工されている製品を避ける。ベッドの中身や素材からホルムアルデヒドや残留農薬が検出される場合もある。
- オーガニックコットン、抗菌剤や防臭剤を含まない化繊の生地を選ぶ(特注もできる)。オーガニックコットンは化学物質を吸収するので、石けん洗剤(p139参照)でこまめに洗濯する。

(3) 布団
- 新しい布団はすぐに使用せず、最低7日間は天日干しをする。ただし農薬の空中散布がある時期は、布団が農薬を吸うことがあるので、絶対に避ける。
- クリーニングに出す場合、クリーニング溶剤を使用しないように依頼する。生地の繊維に溶剤が残るとシックスクールを新たに発症させたり、症状をさらに悪化させることがある。その場合は、布団に風を通しながら屋外で掃除機をかけ、溶剤を排出させる。

給食室・ランチルーム

発症の原因	食材に使われた農薬／給食室の洗剤／プラスチックの食器／給食着とその洗剤
対策	農薬を使わない食材を調達／食器を替える／給食着の生地や洗剤を替える

給食の食材に使われた農薬、給食室の調理用洗剤、プラスチック製品の食器類などが、発症の原因になると考えられます。洗剤や食器に反応するならば、給食室はもちろんランチルームに入れませんし、農薬に反応すれば給食も食べられません。

食材には農薬を使っていないものを調達し、洗剤は石けんや重曹に替えられればベストですが、シックスクールの児童生徒用に、家から弁当を持ってくることも視野に入れなければなりません。また食器類はプラスチック製をやめ、においのないことを確認した陶器

製やガラス製に替えることで、臭気が減らせます。

給食着には、抗菌加工がされていたり、合成洗剤の洗剤臭がしたりすることがあります。まず抗菌加工されていないものに替えます。洗濯洗剤のにおいに反応することもあるので、クラスメートの家で使っている合成洗剤を、石けん洗剤に切り替えてもらう（p139参照）などの協力が必要になる場合もあります。石けん洗剤で洗った給食着を、学校に備え付ける方法もあります。

特別教室

職員室・事務室

⚠ 発症の原因	パソコンの化学物質（難燃剤・可塑剤）／香水／タバコ／制汗剤／歯磨き粉など
✚ 対策	換気をする

職員室は授業研究の場所でもあるため、パソコンが終日、稼働していることの多い部屋です。事務室では、パソコンの他に、セキュリティモニターのような管理機器も数多く置かれ、一年中稼働しています。

また教職員に喫煙者がいれば、どんなに遠くで喫煙してきたとしても、衣服にはタバコの臭いが残り、その臭いに反応します。合成洗剤、香水、整髪料、制汗剤、歯磨き粉の臭いなども強烈です（p139参照）。

私は、できるだけ注意して換気扇を回すようにしています。しかしシックスクールの児童生徒にとっては、職員室や事務室に入ることが難しい時もあるかもしれません。

職員室や事務室は、大人が気付けば変えることができる場所でもあります。タバコや香料の臭いがしない職員室や事務室は、児童生徒にとってもどれだけ居心地がいいことでしょうか。もし、シックスクールの児童生徒が転入してきたとしても、「いつでも受け入れられる学校」になっていれば、児童生徒も教職員も心身共に健康な学校であるはずです。一人でも発症者を少なくするために、教職員の思いが一つであることを望んでやみません。

第3章　シックスクール対策百科〜シックスクールは防げる〜

特別教室

教材・教具室	
発症の原因	文具に使われる有機溶剤など
対策	教材別に分けて保管をする／換気をする

教材・教具類は、化学物質の放散の度合いや性質により、3つに分類できます。

(1) 化学物質の放散が少ない文具

児童生徒が出入りする場所に置いてもかまわない文具類です。用紙類（コピー用紙、模造紙、画用紙、色紙など）、セロハンテープ、鉛筆、ステープラ、電池、水性マーカーなどです。用紙類は臭気を吸いやすいので、ほかの文具は収納ケースに保管して臭気が出ないようにしてください。

(2) 化学物質の放散が中程度の文具

シックスクールの児童生徒にダメージのある物品です。教職員の管理下に置き、"どうしても必要な場合にのみ使う物品"として認識しておくべき文具類です。油性マーカー、ホワイトボード用マーカー、墨汁、接着剤、絵の具、ポスターカラー、版画インク、粘土、ガムテープ、消しゴム、ニス、チョークなどがあります。こちらも、収納ケースに保管して臭気がでないようにしてください。

(3) 化学物質の放散が最も強い物品

年1回しか使わないものもあり、化学物質の揮発進みにくいものがあります。特に、国語や社会科などの掛図、地球儀などです。特に、地図や塩化ビニール製のマグネット定規は強い臭気がします。

できれば、教材・教具室を3部屋用意し、(1)(2)(3) をそれぞれ別に保管するのがベストですが、現実的には、その余裕がない学校がほとんどでしょう。

教材・教具室には (3) のみを置き、(1) や (2)

特別教室

のような文具類は職員室か事務室に置き、教職員の管理下に置いてください。

化学物質を取り除くのに有効なのは、ここでも換気扇です。教材・教具室には換気扇が設置されていないことも多いでしょうが、その場合には少し窓を開けておくだけでも効果があります。

印刷室と印刷物

⚠ 発症の原因	インクの有機溶剤
✚ 対策	換気をする／印刷物を風に当てる／大豆インクを使う／印刷用紙は床より高い位置に保管

印刷物に使うインクの有機溶剤が、発症の原因になります。私が輪転機で印刷する時は、厚いマスクをかけて印刷室に入り、換気扇を回し、さらに窓を全開にしています。印刷を終えたら、印刷物を持って屋外に出ます。紙をめくって紙の束に何度も繰り返し風を入れ、溶剤の臭いをできるだけ飛ばします。配布するのはその後です。

「シックスクールの児童生徒は、インクはダメでもコピーならば大丈夫」と考えている人もいます。でもコピーでも反応することがあることも考慮に入れてください。コピーであっても、配布前には少しでも長く、風に当てる時間をとってほしいというのが多くの児童生徒の本音です。できるだけ早めに印刷かコピーをして、十分な養生期間をとってから配布するようにしましょう。

理想的な印刷室とは、明るくて風通しがよく、印刷物を一日干せるほどのスペースが確保されている空間です。印刷室の外には、少しでも溶剤を吸収するように植え込みを作ります。さらに、児童生徒が植え込みに簡単に入れないように、柵で囲みをします。

114

特別教室

印刷室の壁の下部には穴を開けて排気口を作り、近くに輪転機を置きましょう。空気よりも重い、溶剤の臭いを排出するためです。排気口に換気扇をつけ、強制換気をすれば、印刷室のインクの臭気が少なくなります。輪転機は大豆（SOY）インクが使えるものを選びます。そうでない場合は、できるだけ早い時期に「大豆インク」が使える機種に替えることをお勧めします。

用紙は、印刷機のそばに長く置かないようにして、わずかでも床より高い位置に保管します。床に溜まった溶剤の臭気を、紙が吸い込むのを防ぐためです。再生紙自体に過敏反応が出たり、紙をつくる時に使う漂白剤に反応したりする児童生徒もいます。環境にやさしいとされる用紙が、必ずしもシックスクールの児童生徒にとっても安全だとは限らないのです。

玄関

下駄箱・スノコ

⚠ 発症の原因	接着剤
✚ 対策	早めに発注し、養生期間をとる／無垢材を使う

学校の玄関は子どもたちがいつも通る場所です。学校によっては遊具の置き場にもなります。下駄箱やスノコなど、玄関に新しい物品を置く場合は、業者に養生期間をとってもらってから搬入することが必要です。木製の製品は、接着剤が原因でシックスクールを発症することがありますから、製品の発注から納品まで、計画的に行なわなければなりません（p124参照）。一例を挙げると、以下のようになります。

（1）春に発注：新年度の予算が決定してから業者に見積もりを依頼し、発注。

（2）夏前に製作：接着剤が乾くまでには時間が必要なので、夏休み前には製品ができあがるように依頼。

（3）夏休み中に養生：この間に、ホルムアルデヒドなどの有機溶剤を、できるだけ揮発させる。

（4）寒い季節に納品：夏季、特に湿度の高い時期には揮発する量が多いので、冬の寒い時期に搬入。

または接着剤を使わず、無垢材で作ってくれる職人に製作を依頼する方法もあります。私の勤務校でも、

116

第3章　シックスクール対策百科～シックスクールは防げる～

玄関

プラスチック製のスノコが老朽化したのを機に、ヒノキの無垢材でスノコを作ってもらったことがあります。この時は、接着剤を一切使わないと約束をしてくれた近隣の大工さんに依頼しました。表面を平らに削り、ささくれが子どもの足に刺さらないように配慮しました。できあがってみるとヒノキのとてもよい香りがして児童生徒は香りを楽しんでくれました。ただし重症のシックスクールの児童生徒がいる場合は、ヒノキの成分であるヒノキチオールにも反応してしまいます。その場合には、無垢材の材質を替えるか、ヒノキチオールを揮発させてから搬入するという配慮が必要になります。

傘立てと傘

⚠ 発症の原因	塗料／傘のビニール
✚ 対策	換気をする／傘立ては玄関の外に置く／化学薬品臭の少ない傘を選ぶ

シックスクールの児童生徒は、ビニール傘の臭気で苦しい思いをすることがあります。本人は発症していない児童生徒の家庭でも、傘を選ぶ時はできるだけ"ビニール臭の少ないもの"を選んであげることがよいと思います。子どもが少しでも、化学物質に曝露するリスクが減るようにしてあげることは大切です。

傘立ては、金属（スチール）製のものが多いと思います。ロッカーと同じく、焼き付け塗装であれば、あまり問題は起こらないと思います（p88参照）。梱包を解いた時に、一時臭気がしますが、2～3日風に当てれば、すぐに使えるようになります。もし玄関の外に傘立てを置くスペースがあれば、より安全です。そうすれば、傘も屋外に保管できることになるからです。

117

玄関

保管庫と遊具

⚠ 発症の原因	タイヤのゴム／塗料
✚ 対策	風に当てる

一輪車などの遊具を、児童生徒の玄関に置いている学校があるかと思います。シックスクールの児童生徒は、タイヤのゴムの臭い、塗装などに反応する可能性もあります。新しい製品をおろす時には、児童生徒が来ない場所を選んで風に当てます。できるだけ化学物質を揮発させてから、使用するようにしてください。

遊具や清掃用具の保管庫も、基本的には同じです。遊具の保管場所は、校舎から離れた場所で、風通しがよく雨も当たらない小屋があれば、理想的です。網戸を上手に使うなどして、空気が流れる小屋にしてあげてください。

鉢花

⚠ 発症の原因	成長調整剤・抑制剤などの農薬
✚ 対策	農薬を使わない

118

第3章　シックスクール対策百科〜シックスクールは防げる〜

鉢花の花を長持ちさせるために、成長調整剤などを使用する場合があります。成長調整剤、あるいは成長抑制剤と書かれている薬剤も、"農薬"です（p77参照）。

しそれを長持ちさせるために、成長抑制剤を使用してしまうと、シックスクールの児童生徒が苦しむことになったり、あるいは新たなシックスクールの発症につながりかねないのです。

新たな鉢花の購入や、卒業式などの式典で飾る鉢花にも、注意が必要です。農薬が使われている可能性があるからです。

児童生徒の気持ちが少しでも安らぐようにと、玄関に鉢花を置くのは本当によいことだと思います。しか

夜間の排気・換気

➕ 発症の原因	風がなく化学物質が床に溜まる
⚠️ 対策	効率よく排気する

玄関

ほとんどの学校では、玄関は、学校施設の中で一番低いところにあります。化学物質の多くは空気より比重が重いので、風がなければ床に溜まります。この性質を利用して、子どもたちが帰った夜間のうちに、校舎内の化学物質を少しでも排出させるようにしましょう。効率よく排気させるには、以下のポイントがあります。

（1）排気口を設置。下履きのフロア面の隅に設置する。
（2）給気口を設置。排気をするためには給気も必要。セキュリティを確保した上で、雨水の入らない窓に網戸をつけ、窓を開ける。加えて、最上階にある換気扇からも給気しておくと、さらに効率がよ

玄関

くなる。

(3) 排気口の先に植え込みを作る。児童生徒を排気口の周りに近づきにくくすることと、植物に化学物質を吸収させることとの、2つの目的がある。地面に植えられない場合は、プランター植えの植物を置く。

(1)～(3)は、できるだけ費用をかけないための対策です。シックスクールの予防にはなりますが、すでに発症した児童生徒がいる場合は、これだけでは足りません。排気口のところに溜まった化学物質が抜けるように、より排気を促す以下の対策も必要になってきます。

(4) 換気扇をつける。排気口のところにつけるのがベスト。できるだけ下の位置に設置すると、効率がよい。

校庭

校庭の雑草

発症の原因	除草剤などの農薬
対策	農薬を使わない／人力・機械で草むしりをする

校庭は子どもたちのものです。除草剤は撒かないのが基本です。

新たなシックスクール発症のリスクが高まり、それが続けば、さらに悪化して化学物質過敏症へと進行する可能性もあります。大きなリスクを回避しているこ とがわかっていれば「校庭に取り残しの草がたくさんありますね」という批判を受けたとしても、学校は笑って受け流せることでしょう。

では具体的に、雑草にはどのような対策をとればいいのでしょうか。基本は、農薬を使わず「人力や機械で草むしりをする」ことです（現実的には、以下の(1)の方法かと思います）。草むしりは、校庭での授業がない時間帯を選びます。特に夏場は早朝の方が、熱中症の不安もないのでよいでしょう。

(1)学校関係者で校庭を整備する

・児童生徒、教職員で2週間に1回程度、草むしりをする。

・保護者によるボランティアを募り、草むしりをす

校庭

必要があり、また校庭の土を固くするので注意が必要。

- 運動会などの全校行事の前には、児童生徒、教職員、保護者全員で草むしりをする。
- レーキでは数日で草が生えるので、こまめな手入れが必要。
- 刈払機、草焼き機、レーキ（熊手）を校庭の整備備品として導入。

(2) シルバー人材センターを活用する

(3) 用務員を増員、日常的に草むしりをする

(4) 機械を活用する

(5) 海水、塩化カルシウムを散布する
- 海水や塩化カルシウムを撒くと、草が生えにくくなる。海水成分を顆粒化した製品もある。
- 塩化カルシウムを散布する場合は、シックスクールの児童生徒が反応しないか、様子を見る。
- 塩化カルシウムの濃度は草の種類によって変える

る（月曜の1時限目は、教室内で授業をする学校が多いのでお勧め）。

以前、群馬県の学校職員でつくる任意団体「スクールエコロジー研究会」が行なった調査では、除草剤を撒く理由として「マムシが出て危険なので仕方なく」というものがありました。私が勤務する学校でも、蛇を早く発見するために、刈払機でこまめに草を刈っています。また蛇が出やすそうな場所や、子どもたちが好きなビオトープの周りには、藍を植えています（蛇よけになるという話を聞いたことがあるため）。ビオトープは、地面より一段高い場所に木道を作ってそこを歩くようにすると、蛇が上がってくることはほとんどありません。

また、校庭に置かれる百葉箱も設置にあたって注意が必要です（p124参照）。

それぞれの学校の状況に合わせて、工夫をしてみてください。

第3章　シックスクール対策百科～シックスクールは防げる～

桜・松などの樹木

発症の原因	殺虫剤などの農薬
対策	農薬を使わない／害虫はコモ巻きで防ぐ・捕殺する

昭和30年代に日本に入ってきたアメリカシロヒトリは、日本の風景を一変させてしまいました。アメリカシロヒトリは柔らかくて香ばしい桜の葉を好んで食べますが、大量発生するのは、10年に1度といいます。ほとんどの役所ではこのことを知らずに、殺虫剤の購入費や散布業者への委託料を、年間予算に組み込んでしまったのではないでしょうか。そしていつの間にか、害虫がいなくても殺虫剤をまく「病害虫防除」が恒常化してしまいました。

同じように松にも、松枯れ防止のための殺虫剤が散布されています。近年は有機リン系農薬からネオニコチノイド系農薬に替わっているようです（p77参照）。

現在、農薬を使わないことが当たり前になっている学校や自治体はたくさんあります。埼玉県新座市の学校では、校内のヒマラヤ杉にコモ巻きをして、マツカレハを捕殺処理しているといいます。また新座市教育委員会では1993年（平成5）3月、児童生徒の健康と安全を視野に、パンフレット『虫はともだち　校庭はぼくらのワンダーランド』を発行しました（現在は新座市役所のサイト内でPDF配布）。校庭の木や虫を題材に、環境と共存することへの理解を深める内容になっています。

校庭

123

冬に納入された百葉箱

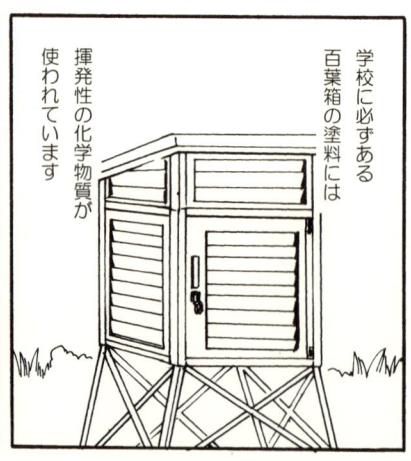

学校で使う備品はできれば新学期から夏ごろの間に納品してもらうのが理想です

春から夏は教室の窓を開けていることが多く風通しのよい空間で使うことができます

四月に納品できれば児童が使う前に養生期間をとることもできます

学校に必ずある百葉箱の塗料には揮発性の化学物質が使われています

児童が内部に頭を入れて調べることもあるので安全なものを使いたいのですが…

業者の方に相談してみると塗料を替えるのは難しいですね

そうですか…

校庭

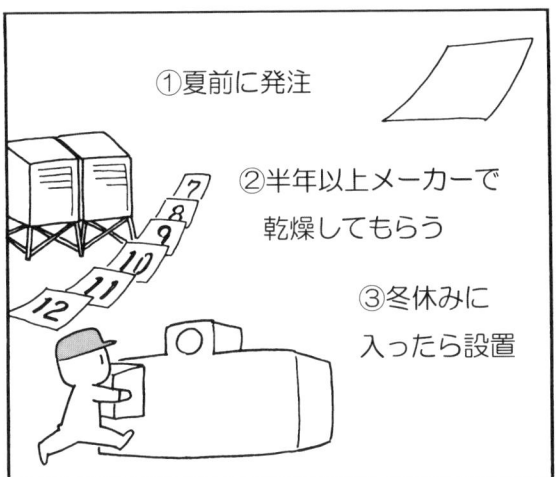

第3章　シックスクール対策百科〜シックスクールは防げる〜

校庭

安心して使える百葉箱にするには…

百葉箱の設置時期を見直しましょう！

①夏前に発注

②半年以上メーカーで乾燥してもらう

③冬休みに入ったら設置

なぜ冬休みの間に？

冬は強い北風が吹きますからね

より早く塗料の臭いを飛ばせると思ったんです

冬場に百葉箱を設置するなんて珍しいと思いましたが

今まで塗料のことなんて考えもしませんでした

子どもたちの健康を第一に考えること…

本当にいい仕事をさせてもらいました

COLUMN

植物・害虫マップを作ろう

　植物の中には、ふれるとかぶれたり、皮膚炎を起こす害虫が集まりやすい樹木などもあります。もし害虫が大量発生すれば、児童生徒はまず毒をもつ害虫の被害を受け、殺虫剤を撒けばその被害も受けることになります。

　対策を考えるためにも、学校に植えられている樹木を記した「植物マップ」の作成をお勧めします。校内の地図を作り、いま生えている樹木や草花を書き込みます。その上で、植物図鑑や昆虫図鑑を調べるなどして、学校にどのような植物が適しているのかを考えましょう。

　以下、注意が必要な植物を挙げておきます。

表5　毒を持っている植物

毒性植物	どのような被害があるか
イネの芒、バラ、サボテン、タケノコの皮、イラクサ類など	トゲなどによる刺激がある。イラクサ類はトゲに毒成分を含むものが多い
里芋科の植物、パイナップル、アイリス、キダチアロエなど	汁に含まれるアク（シュウ酸カルシウム）にピリピリした刺激がある
ウマノアシガタ、クレマチス、アネモネなど	誤って口にしたり、汁にふれたりすると、接触皮膚炎、下痢、嘔吐などの症状を起こすことがある
ウルシ類、イチョウなど	接触皮膚炎（遅延型）を起こすことがある

表6　毒を持っている害虫と害虫の集まりやすい樹木

植物	毒性害虫	害虫の被害
柿、梨、桜、梅、杏、栗、クルミ、リンゴ、バラ類、ツツジなど	イラガ、ドクガ	幼虫に毒棘＝電撃的な痛みと皮膚炎
桜、楠、榎など	イラガ、ヒロヘリアオイラガ	
サカキ、マサキなど	ドクガ、ホタルガ	皮膚炎
アカマツ、カラマツ、クロマツ、ヒマラヤ杉、松など	マツカレハ	刺されると激痛、腫れ上がる。2週間程度かゆみが続くことも
チャ、サザンカ、ツバキ	チャドクガ	毛が毒針になっており、皮膚炎を起こすことも

校庭

第3章　シックスクール対策百科〜シックスクールは防げる〜

芝生・学校園

発症の原因	殺虫剤や除草剤などの農薬
対策	農薬を使わない／人力・機械で草むしりをする／自然農薬を使う

校庭

校庭を芝生にするメリットを挙げる方は、たくさんおられることでしょう。確かにその通りです。芝生の上を裸足で走り回れば気持ちがいいですし、転んでもケガが少ないので屋外でたくさん遊ぶことができます。校庭が緑化するのでヒートアイランド現象を防ぐ一助になりますし、砂ぼこりが立たず、近隣の住宅に迷惑がかからないことなども考えられます。

しかし湿度の高い日本では、芝生の中にムカデなどの害虫が出ます。雑草も生えます。だからといって、芝生の維持のために殺虫剤や除草剤を使うのであれば、シックスクールの児童生徒にとって、芝生は恐ろしい場所に変わります。今まで学校に来ることができた児童生徒でも、休み出す可能性があります。また農薬に苦しむのは、シックスクールの児童生徒ばかりではあ

りません。本当に芝生の校庭が必要なのか、検討してみてください。

学校園やプランターについても同じです。一人ひとりに苗やタネを与えて、学校の畑やプランターに、植物を育てさせる学校も多いと思います。自分で丹精込めて育てた結果、立派な野菜やきれいな花ができる喜びを教えるのは、素晴らしい教育であると思います。

しかし、虫が出たからといって農薬を使ってすぐに駆除する方法を選ぶのは避けた方がよいのではないでしょうか。

アブラムシなどの害虫がついたら、その様子を観察しながら「自然農薬（牛乳やコーヒーや緑茶など）」を植物に噴霧した時の結果を学んでみてもよいと思います。または「コンパニオンプランツ（トマトにはバ

127

校庭

ジルというように、目的の植物のそばににおいの強い植物を植え、害虫から守る栽培法）」の効果を試すなどして、昆虫と植物の関係や、命のありかたを学ぶ時間にしてもよいのではないでしょうか。

参考：『自然農薬で防ぐ病気と害虫』（古賀綱行 著、1989年、農文協）／『植物エキスで防ぐ病気と害虫』（八木晟 監修、農文協 編、1996年、農文協）

蜂への対応

⚠ 発症の原因	殺虫剤などの農薬
✚ 対策	攻撃しない／巣の撤去を捕獲業者に依頼する／殺虫剤散布場所に近付かない

蜂の問題も、学校では避けて通れない問題です。蜂の巣を発見したら、児童生徒を近付けず、捕獲できる業者に依頼します。業者が殺虫剤を使うのであれば、散布場所には、シックスクールの児童生徒を少なくとも数日間は、近付けないようにしてください。

蜂は、めったに人を攻撃しません。人が巣に近付いたりしなければ襲ってはこないものです。蜂を見た時の対処法としては、以下がよいのではないでしょうか。

（1）蜂を見たら、決して攻撃しない。

周囲で動き回るだけでも、蜂は攻撃されていると感じる。教室内に入ってきたら、頭を隠して少しずつ静かに離れるようにする。

（2）蜂の巣を見たら、その場から離れ、すぐに教職員に伝える。

蜂の毒でアナフィラキシーショックが起きる人は、初めて刺された時にも重篤な症状が出ていたはず。一度でも症状が出た人は、よくよく注意をして、決して蜂の巣に近付かないこと。

通学路

畑・田んぼ・休耕地がある場合

発症の原因	農薬
対策	農薬を吸わない（散布者の風上に回り込む／散布位置から遠ざかる）

現在、ほとんどの田畑には農薬が撒かれていると考えた方が賢明です。原則的に、農薬は無風や微風の時に散布されます。しかし人の感覚で風がないと感じても、空気はいつも流れています。ビニールハウスも、農薬を撒いたあとにハウス内を開放して風を通すので、近寄らない方がいいでしょう。

児童生徒には、通学路で農薬散布をしている現場に出合った時の対処法として、次のように教えます。

（1）農薬散布者を見つけたら、自分がその風上にいるのか、風下にいるのかを考える。

（2）風下にいる場合は、風向きに対して直角に逃げる。

（3）できるだけ離れてから、散布者の風上に回り込む（散布者は、風下から風上に向かって移動しながら散布することが多い）。

（4）ハンカチや衣服で口や鼻を押さえ、散布位置から遠く離れる。通学路でない道を選ぶことになっても、農薬の散布位置から遠ざかることを優先にする。

通学路

また農薬の使用者に、「事前に散布情報を教えてもらう」ことをお願いできないでしょうか。農薬を散布する際に、「いつ、誰が、どこで」「何という農薬を、どのくらい散布するか」「どのような方法で」といった情報を、役所に連絡してもらいます。役所からは、学校や保護者に、携帯のメールシステムなどを使って発信してもらうのです。これらの情報が事前に保護者に伝われば、子どもの登下校中にマスクや長袖を着用させたり、登下校の道を変えるなどの方法で、農薬の曝露を少なくすることができます。

役所に散布情報を集約させるわけは、学区内だけでなく、もっと広範囲の市町村全体で情報を共有するためです。隣接する学区からも、散布された農薬は風に乗って流れてくるものですし、地域全体で児童生徒に注意を促すこともできます。

しかし散布場所が広大、かつ高濃度の農薬を使う空中散布に対しては、マスクや長袖以外にほとんど打つ手はありません。刻々と変化する風は、コントロールすることができないからです。しかも散布場所からの農薬の揮発は、3週間ほど続きます。

公園・緑地帯がある場合

✚ 対策	農薬を使わない／近隣住人で協力して管理する／通学路を変える
⚠ 発症の原因	除草剤などの農薬

公園や緑地帯を管理する者には、初めから「農薬を使わない」選択肢があってしかるべきです。伸びた草は刈払機で刈ればいいし、バーナーで焼く方法や、除草シートもあります。天然ニガリを含んだ除草効果がある製品も便利です。

最も安全なのは、草刈りや草むしりです。近隣住民

第3章　シックスクール対策百科～シックスクールは防げる～

が計画すれば地域の交流にもなり、児童生徒の安全を守る意識を高める機会にもなります。多くの大人が関心を持って草木の観察をすれば、"葉を食い荒らす害虫"の発見も早いですから、農薬散布ではなく剪定や捕殺で対応できる事例が増えると思います。

農薬を多用する家や田畑が通学路に入っている場合、子どもたちはそのそばを通るたびに、農薬に曝露する可能性があります。出勤前に農薬を散布する習慣がある家であれば、通学時間にちょうど空気が暖まってきて、農薬が揮発をはじめます。その場合には通学路を変える以外に方法がありません。

工場・店舗などがある場合

⚠ 発症の原因	殺虫剤などの農薬／有機溶剤など
✚ 対策	通学路を変える

工場や店舗の規模に関係なく、使われている化学物質に何があるかを考えましょう。危険な化学物質を扱っている工場や店舗、塗料（スチレン、トルエンなど）、合板（ホルムアルデヒド）、壁紙（有機リン剤やフタル酸エステル）、インク（キシレンなど）などを扱っている工場や店舗付近は通学路から外した方が賢明です。

他に例を挙げると、
・畳店：ダニ対策として、有機リン系殺虫剤など
・種苗店・花屋：農薬、殺虫剤
・クリーニング店：クリーニング剤（有機溶剤）
・車の修理工場：塗装剤（有機溶剤）
・ガソリンスタンド：ガソリンなど、石油系の揮発性有機化合物

通学路

131

通学路

・コンビニ：トイレの消臭剤（おもにトイレボール）・芳香剤などが使われている場合などがあります。

工事中の場合

⚠ 発症の原因	塗料／塗装剤など
✚ 対策	マスクを着用／通学路を変える

工事関係者は、規制の対象となっている13種類のVOCsには注意を払っています。しかし似た成分でも名前の異なる化学物質や、新しい成分で、毒性（特に慢性毒性）の評価が固まっていないネオニコチノイド系農薬などの化学物質には、全く注意が払われていないのが現状です。

外壁塗装では亀裂を埋めるエポキシ樹脂、塗料では揮発性溶剤などにも注意が必要です。

通学路での工事が決まると、公共的な工事であれば請負業者が学校に説明にくるはずです。学校には、工事に使われる化学物質のMSDS（化学物質安全性データシート）を求める必要が出てくることもあるでしょう。

緊急の対策としては、通学路に工事現場がある場合は、児童生徒にマスクを携帯させましょう。場合によっては、工事期間中、通学路を変えることも検討してみてください。

132

都市部の場合

⚠ 発症の原因	ビルの中の殺鼠剤・殺虫剤
✚ 対策	こまめな清掃

2001年（平成13）8月、厚生労働省は「建築物におけるねずみ、こん虫等の防除における安全管理について」という通知を出しました（健発第855号・医薬発第905号　厚労省健康・医薬局長連名通知）。それまでは、ビル管理者に対し、安易な殺鼠・殺虫剤の使用を前提とせず、利用者などの安全確保を徹底してほしいという内容でした。それには、たとえネズミや害虫がいなくても、防除の名目で農薬が室内散布されていたのです。

ビルの管理者が日常的にこまめな清掃をしていれば、害虫の発生はほとんどないでしょうし、殺虫剤も撒かずにすみます。管理者自身も農薬の曝露をしなくてすむことになるのです。

ビル管理における害虫・害獣対策の一歩は、害虫やネズミなどの食べ物をなくすことです。それには適宜、清掃を行なうことに尽きると思います。

通学用のバス・電車

⚠ 発症の原因	殺虫剤などの農薬／清掃用洗剤
✚ 対策	マスクを着用する／散布日を確認し、その日は利用しない

バス、電車の中にも、殺虫剤が散布されています。児童生徒が通学に利用する交通機関がある場合、学校は散布時期や、散布する薬剤などを確認しておきましょう。学校からバス会社や鉄道会社に連絡をすれば、教えてくれると思います。

殺虫剤の散布当日や、それ以後も交通機関を利用しなければならない場合には、各自がマスクを着用し、殺虫剤を吸入しない工夫をするしか方法がありません。児童生徒の症状に応じて、交通機関を利用しない手段も含めた対策を立てる必要があります。

また新しいバスや電車もにおいがきついので、スクールバスの児童生徒にはマスクを携行するように指導します。バスに乗る場合は、できるだけ前の座席を選びましょう。後部座席には排気ガスが入ってくる可能性があるからです。消臭剤や清掃用洗剤にも注意が必要です。

結局のところ、交通機関を利用して通学するならば、児童生徒にマスクは欠かせないと思います。

第3章　シックスクール対策百科～シックスクールは防げる～

通学路

	駐車場とその周辺
発症の原因	車の排気ガス／新車の塗装剤／タバコ／芳香剤など
対策	駐車場所を変える

徒歩や自転車、あるいは公共の交通機関を利用できるのは、比較的症状の軽い児童生徒です。現実には、シックスクールの児童生徒のほとんどが、保護者などの自家用車に乗って通学していると思われます。

では、シックスクールの児童生徒を乗せた自家用車は、学校に着いたらどこで乗り降りするのが一番安全なのでしょうか。ここでは自家用車による登校時間が、教職員が車で出勤する時間と重なった場合を考えてみます。私自身の感覚ですが、ほかの車のそばを歩く時、次の順で体への負担が大きいようです。

（1）ディーゼル車（排気ガスの臭いがきついため）
（2）排気量の大きい車（排気ガスの臭いがきついため）
（3）新車（購入から3年程度）

（4）低排出ガス車
　予想外だったのは、新車の塗装臭でした。ば塗装臭はすでに飛んでいるだろうと近づいたところ、強烈な臭気を感じ、目まいとともに激しく咳き込んでしまいました。車の業界団体である㈳日本自動車工業界は、2007年（平成19）以降の新型乗用車について、VOCsを低減させる自主的取り組みを始めていますが、特にニューモデルの車には注意が必要です。喫煙者の車、芳香剤が置いてある車も避けて通りたいものです。

　これらの車をよけて、玄関から近い位置を探してみてください。もちろん工場に隣接していない場所であり、校庭や校内の植物に除草剤や殺虫剤が使われていないことが最低の条件です。

家

ここでは"シックスクールを発症していない児童生徒の家庭"でも、気をつけてほしい項目を述べます。その項目とは、家具などの調度品から、家電製品、通信機器、洗面用品、衣料品、自家用車の選び方まで、生活全般にわたります。「クラスメートの家庭生活まで、シックスクールに影響するの？」と、意外に思われるかもしれませんが、シックスクールの児童生徒が通える学校をつくるには、周囲の理解の上に立った協力が、不可欠なのです。

こうした理解が得られずに症状が悪化し、不登校になるケースは決して少なくありません。しかも学校での指導の範疇を超えてしまいますから、対策を相談しても「家庭のことまで学校は口を出せません」と言われてしまうケースも多いことでしょう。ですが、それぞれの家庭で気を付けてもらうことで、症状のさらなる悪化を防ぐことができるだけでなく、新たな児童生徒の発症を防ぐことにもつながるはずです。

家具などの調度品		
⚠️ 発症の原因	塗料／接着剤／難燃剤など	
✚ 対策	購入する前に商品説明を十分受ける／屋外で干す／封止剤を塗る	

第3章　シックスクール対策百科～シックスクールは防げる～

合板が使われていれば、接着剤のホルムアルデヒドが揮発しますし、ソファなどの布地に難燃加工がされているかもしれません。販売業者から商品説明を十分に受けてから、購入してください。

家具にホルムアルデヒド等の放散があった場合には、処分するか一度屋外に出し、化学物質を十分揮発させてから部屋に入れます。化学物質に過敏な方たちは、焼き付け塗装の家具を選ぶことが多いと聞いています。

5日間くらい干すだけで、使用できるようになるそうです。

ホルムアルデヒドなどの放散を抑える封止効果がある塗料（p88参照）を使える場合には、それを塗布するなどして対応してみてください。新しい調度品を家に入れたせいで、シックハウスになることがないように、調度品を選ぶ際には細心の注意が必要です。

家電製品	
⚠ 発症の原因	プラスチックの臭気／電気掃除機の紙パックなど
✚ 対策	ベイクアウトをする／防ダニ・抗菌・防臭加工されていない紙パックを使う

どのような家電製品からも、プラスチックの臭気を飛ばすことができれば、安全性は飛躍的に上がります。空気清浄機、エアコン、冷蔵庫など、購入したら雨に当たらない屋外で電源を入れ、ベイクアウト（p90参照）をします。製造したばかりのプラスチックには、よく固まっていないものもあります。風を通すことで生乾きのプラスチックが固まり、温めることで臭気を出し切ることができます。

シックスクールの児童生徒に、特に気をつけてほしいのは「電気掃除機」です。ゴミを溜めておくフィ

家

137

携帯電話などの通信電子機器

発症の原因	電磁波／筐体(きょうたい)のプラスチックの難燃剤
対策	使わない時は電源を切る

ター部分に、防臭、抗菌、防ダニ加工がされている製品が多いからです。紙パック式では、紙パックにこれらの加工がされていることもあります。化学物質に過敏な方の中には、「掃除をするたびに、部屋に化学物質（農薬）を撒くようなものだから、何も加工していない紙パックを使う」という方もいます。

私は化学物質に過敏な方と話す時には、よほど緊急の用事でない限り、携帯電話にはかけません（化学物質だけでなく）電磁波にも体が反応するので、かけ直します」と言われ、通話を中断したことが何度もあります。私は、子どもにも安全な携帯電話ができるまでは、携帯電話の使用に年齢制限をすべきではないかとさえ考えています。

電磁波の影響をできるだけ少なくするために、携帯電話の機能は、通話とメール機能だけで十分だと思います。さらに次の点に注意するとよいでしょう。

（1）携帯電話を使わない場所では、電源を切っておく。あるいは自分の体からできるだけ離す。

（2）携帯電話は、つながった瞬間に強い電磁波が発生するので、あわてて取らず、間を置いてから受信キーを押す。通話はできればハンズフリーで。

（3）携帯電話の筐体は、ノンリン・ノンハロゲンプラスチック（ハロゲン系／リン系の難燃剤を使用していないもの）でできた製品を使用する。ただし、以前は製品があったようですが、最近は製造しなくなったと聞いています。メーカーに確認してみ

家

138

第3章　シックスクール対策百科〜シックスクールは防げる〜

てください。

洗面用品		
発症の原因	合成洗剤／シャンプー・リンス／歯磨き粉／制汗剤・香水／消臭・芳香剤など	
対策	純石けん分のものを使う／においのするものは使用しないよう周囲に協力してもらう	

洗面用品を購入する前には、製品の箱に書かれた成分表示をしっかり読んでください。純石けん分（脂肪酸ナトリウム、脂肪酸カリウム）以外の「界面活性剤」が含まれていたら、買うのを止めていただきたいものです。界面活性剤は、脂と水をなじみやすくする性質があり、泡立ちをよくするために使われています。

工業的に生産された界面活性剤（「合成界面活性剤」と呼ばれることもあります）は安価なこともあり、合成洗剤だけでなく、シャンプーやリンス、歯磨き粉、化粧品など、様々な洗面用品に含まれています。界面活性剤には、LAS（直鎖アルキルベンゼンスホン酸

ナトリウム）、AOS（アルファオレフィンスホン酸ナトリウム）、AES（アルキルエーテル硫酸エステルナトリウム）などがあります。しかし、人によっては皮膚への刺激があったり、皮膚を通じて体の中に入ると、体内でなかなか分解されずに皮膚に留まるなど、健康への影響が懸念されています。

消費者庁の「家庭用品品質表示法」では、

「四　合成洗剤、洗濯用又は台所用の石けん及び住宅用又は家具用の洗浄剤（中略）

イ　界面活性剤については、「界面活性剤」の用語を用いて表示することとし、その用語の次に括弧書きでその含有率及び種類の名称を付記すること。」

139

と定められています。

・洗剤

洗剤は、"固形石けんや粉石けん"と"重曹"で十分です。私は、あまり汚れていないシャツであれば、石けん素地100％（純石けん分だけのもの。通常は、香料や添加剤などを加えてあるのが一般的）の固形石けんを、襟元や袖口の汚れた部分につけて、そのまま洗濯機で洗濯します。シックスクールの症状がない方でも、これに好みのエッセンシャルオイルを数滴垂らすだけの人もいます。汚れが落ちにくいネクタイは、重曹をつけて軽く叩き洗いをし、タオルで水気を取ってから、布を当ててアイロンをかける方法をとっています。

粉石けんを使用する場合は、やっと手が入れられるくらいの熱めのお湯に溶いて、石けん水を作ります。それを洗濯機に入れ、洗濯後は時間をかけてすすぎます。時間があれば、水で予洗し、洗濯後、多めの水ですすぐとさらによいでしょう。

また合成洗剤のにおいは、シックスクールの児童生徒の症状をさらに重くします。症状の軽い私でさえ、衣類から漂う臭気に、その場から逃げ出したくなるほ

どです。シックスクールの児童生徒であれば、クラスメートが合成洗剤で洗った衣類を着ているだけで、相当に苦しい思いをすることでしょう。

・シャンプー・リンス

シャンプーやリンスといった、直接体につけて洗うものに、合成洗剤と同じ成分が含まれていると考える方は少ないと思います。成分表示を見てください。合成界面活性剤が含まれていないでしょうか。

無香料の石けんシャンプーのものがベストです。シャンプーの方法は洗濯と同じで、たっぷりのお湯で予洗し、少なめの石けんで洗います。洗ったあとも、たっぷりのお湯で髪を洗い流してください。最初は、石けんシャンプーで洗うとゴワゴワする人もいますが（これまでの合成界面活性剤入りのシャンプーで髪が荒れているため）、1週間くらいすると自然な艶が出てきます。その間、天然の大島椿油を使うのもよいでしょう。

・歯磨き粉

口の中に入れる歯磨き粉にも合成界面活性剤が使われており、歯磨き粉をつけることを推奨しない歯科医

第3章　シックスクール対策百科〜シックスクールは防げる〜

の方もいます。私も歯磨き粉を使用しない方が、使用した場合より汚れがよく落ちると、歯科医の指導を受けたことがあります。合成界面活性剤フリーや、不使用の製品もありますので、試してみてください。

・制汗剤・香水

制汗剤や香水を使った人が教室に入ってきたら、シックスクールの児童生徒にとっては、同じ教室にいるのが耐えられないほど強烈な臭気を感じるはずです。特に男性用の制汗剤は、臭気を感じた途端に、舌の感覚がなくなるほどの気持ち悪さを感じる人もいます。体臭を気にされる方もいるかもしれませんが、臭いの元である新陳代謝したけんでしっかり洗えば、純石けんでしっかり洗えば、皮膚の残滓などはほとんど洗い流せると思います。そ
れよりも、大量の化学物質に子どもたちが曝されないように気を遣ってあげてください。

・消臭・芳香剤など

芳香剤や消臭剤のにおいを吸入してしまうと、シックスクールの児童生徒にとって、症状が悪化する原因になる可能性があります。私も制汗剤や香水のにおいを感じた時のように舌の感覚がなくなり、そのまま吐き気がすることもあります。

アロマテラピーなどで使われる、エッセンシャル・オイルにも注意が必要です。天然成分由来の芳香剤ですら、体が受けつけない児童生徒がいることも、考慮に入れてあげてください。

衣料品		
⚠ 発症の原因	布を加工する薬品
✚ 対策	風に当てる／水洗いする

家

シックスクール（シックハウス）問題で一番先に名前が挙がる化学物質に、ホルムアルデヒドがあります。住宅建材、家具、タバコなどに含まれることは知られていますが、アメリカの研究で、ホルムアルデヒドの思いもよらぬ発生源が報告されました。それは新しい衣服でした。衣料品店に測定器を持ち込んで検査をした結果「新しい衣服を箱から出すと、ホルムアルデヒドの空気中の濃度が上がった」と報告されているのです。

ホルムアルデヒドは、防しわ、防虫加工のために使われることが多い化学物質です。"ノーアイロン"と呼ばれる、形状記憶あるいは形態安定加工されたYシャツにも、ホルムアルデヒド系樹脂が使用されています。

私の場合、セーターを買ったところ、においがひどくて袋から出して2週間を過ぎても着ることができませんでした（p144参照）。ノーアイロンYシャツは、ついに着るのをあきらめました。洗濯を繰り返しても臭気が取れず、アイロンをかければ部屋中に異臭が広がり、窓を全開にしなければなりませんでした。着ても、首の下からそこはかとなく漂ってくる化学物質臭に、頭痛や吐き気が起こるのです。

買ってきたばかりの衣類は他の衣類と一緒に保管しないこと、タンスやクローゼットから、衣服のホルムアルデヒドが放散している場合には衣類を袋に入れて保管するなど、繊維にホルムアルデヒドが移らないような対策が必要になります。

学生の制服の生地については、シックスクールの発症を防ぐ意味でも、次ページの表7のような様々な加工をしていない製品に切り替えてほしいと思います。

第3章　シックスクール対策百科～シックスクールは防げる～

表7　繊維製品の加工に使用されるおもな物質と危惧される健康被害

繊維製品の用途	有害物質名	基準値	危惧される健康被害
乳幼児用	ホルムアルデヒド	16ppm以下	粘膜刺激、発ガン性
防虫・防炎加工	ディルドリン （有機塩素系殺虫剤）	30ppm以下	発ガン性、頭痛、目まい、呼吸麻痺等
	DTTB （羊毛防虫加工材）	30ppm以下	肝障害、生殖器障害
	APO （有機リン系）	（1ppm以下）	経口経皮急性毒性、造血機能障害、生殖器障害、中枢神経障害
	TDBPP （有機リン系）	所定の試験法で検出せず	発ガン性、中枢神経障害
防菌・防カビ加工	トリフェニル錫化合物 トリブチル錫化合物	所定の試験法で検出せず	生殖器障害
	有機水銀化合物	所定の試験法で検出せず	中枢神経障害

（基準値については、厚労省「有害物質を含有する家庭用品の規制基準概要」より）
http://www.nihs.go.jp/mhlw/chemical/katei/kijyun.html

新しい服を買った時

新しく買ったセーター

薬品の臭いがきつくて着られない!

そのセーター着て大丈夫?

何度も水で洗って干してやっとにおいが落ちたわ

これならどうかしら

オーガニックコットン

やっぱり薬品臭い!

どんな服でもにおいがついているのね

新しい服なのに干してるの?

スーツやコートまで…

1週間は風に当てないと着られないのよ

着る前に何度か水洗いするといいんだね

洗えなくても風に当てるだけでずいぶん違うみたいね!

第3章　シックスクール対策百科～シックスクールは防げる～

自家用車の選び方

発症の原因	車内に使われた接着剤や塗料／難燃剤／プラスチック
対策	換気をする／厚労省の定めた室内濃度指針値を下回る車種を選ぶ

保護者の方が車を選ぶ際、車の形状、運転のしやすさ、安全性、燃費を考えるのと同じくらい、もっと大事な購入の決め手があります。自分の車の空気が清浄であるかということです。

2003年（平成15）1月6日付の産経新聞に、大阪府立公衆衛生研究所の吉田俊明主任研究員の報告が掲載されています。そこには、

（1）国産ワンボックスカーの納車翌日には130種類の揮発性化学物質を検出
（2）総VOCは厚生労働省の暫定目標値∶400マイクログラムの約35倍
（3）目標値まで下がるのに約4カ月
（4）高温の夏には納車2年後でも目標値を上回った

とありました。

車のカタログには、部材や接着剤などを見直した結果、「厚労省の定めた13物質のVOCsについて、室内濃度指針値を下回った」などと説明されている車種もあります。どこにいても化学物質を曝露してしまう現代にあって、密閉空間だからこそ、これは、子どもを乗せる車選びの最上位の条件だと思います。

さらに忘れてはいけないのは、有機リン剤です。プラスチックをやわらかく加工する可塑剤、あるいはシートなどを燃えにくくする難燃剤として使用されています。有機リンに関しては現在、指針値も自主規制もありません。携帯電話にノンリン・ノンハロゲンの筐体を使った機種が作られていたように（p138参照）、車の室内がノンリン・ノンハロゲンになることが望まれます。

145

家

シックスクールと同様、車の中で起こる「シックカー症候群」の典型的な初期症状」には、以下のものがあります。

- 目がチカチカする
- 車に酔いやすくなる
- 吐き気や頭痛がする
- 歯茎がしみる感じがする
- 鼻水や鼻づまりになる
- 肩がこり、疲れやすい
- よだれが出たり、口が渇く
- 動悸やイライラがある

（2006年（平成18）5月9日付、日本経済新聞より）

さらに有機リン中毒症状として、倦怠感、頭痛、肩こり、めまい、イライラ、不定愁訴、神経症などがあります。

対応策としてできることは少ないのですが、やれることはすべてやる以外に方法がありません。私の場合はさらに、空気より重いVOCsを少しでも減らすため床部に備長炭を置いたり、消臭剤として有用微生物資材（＝EM菌等）を室内にスプレーしたりしています。

住環境		
⚠ 発症の原因	可塑剤／接着剤	
✚ 対策	天然素材を使う（ただし臭気の少ないもの）／立地を考える	

家は子どもを含めた家族が、一番長くいる場所です。思います。住環境がシックスクール発症の原因となったり、症状の悪化を加速させるケースがあるからです。見た目のよさよりも、安全性を最優先すべきであると

第3章　シックスクール対策百科～シックスクールは防げる～

家

床や壁といった家の内装は、基本的には学校と同じ対策を行なってください（p83、89参照）。

家を建てる場合には、住宅付近の周辺環境も含めて立地をよく考えてください。通学路のところで述べたように、発症の原因物質を扱っている、工場や農場、店舗やそれらの廃棄場を避けることです（p129～131参照）。年間を通じて、住環境の空気に含まれる化学物質について配慮しながら、注意深く過ごす以外に方法はありません。

PART2・教材別

教科書・文具類

ここでは教科書や文具、そして教材ごとに、シックスクール対策や予防のための工夫をまとめます。シックスクールといっても、症状の出方や、どのような化学物質に反応するかは人それぞれです。一概に「この方法をとれば大丈夫」とは言えません。このことは、学校での対策を立てる時に肝に銘じておく必要があります。今までの経験則が、全く役に立たない場合が往々にしてあるのです。

どんなに工夫をしても、シックスクールの児童生徒の体調が悪い時には、症状が出る場合もあると思います。だからといって小さな工夫の積み重ねを、やめることはありません。教職員の努力は決して無駄になることはないからです。

教科書		
⚠ 発症の原因	インクの有機溶剤／紙質	
✚ 対策	風を入れ天日干しをする／シックスクール対応本を取り寄せる／教室の換気をする	

第3章　シックスクール対策百科～シックスクールは防げる～

教科書・文具類

シックスクールの児童生徒にとっては、教科書でさえ安心できないものであることを知っておかなければなりません。インクの有機溶剤だけでなく、紙質に反応することもあるようです。化学物質を飛ばすには、屋外でペラペラめくって風を入れ、晴れた日に天日干しをするのが一番です。この処理は、シックスクールの児童生徒がいるクラス分だけでも、学校の責任で行なうのが基本です。どうしてもできない場合は、シックスクールの児童生徒用の教科書はポリエチレンの袋に入れて早めに渡し、家で処理してもらいましょう。

ある小学校では、化学物質に過敏に反応するため、2年間通学できなかった児童がいました。学校は保護者からの相談を受け、ワックス塗布、農薬の散布、トイレの芳香剤をやめるとともに、教科書にも対策をとりました（p150参照）。この努力が実ったのか、児童はその後の1年間、1日も休まず登校できたそうです。

また㈳教科書協会では、シックスクール対策として、以下のような対応をしています。

A　消臭紙カバー：教科書カバー用に、使用冊数＋予備分の消臭効果のある紙を、学校に送付
B　天日干し：1カ月間の天日干しができるように、教科書を学校へ早期に納入
C　全ページ分をカラーコピーして学校に送付
D　全ページ分を白黒コピーして学校に送付
E　表紙のみコピー

教科書協会のサイトから、作成依頼書がダウンロードできます。

「化学物質過敏症対応本作成依頼書ダウンロード」
http://www.textbook.or.jp/application-forms/chemical_matter-hs.html

こんな学校なら登校できる！

学校に行くと気持ち悪くなる…

先生、うちの子シックスクールのようなのですが…

ワックスなどの臭いに反応してしまうんですね

農薬の散布やワックスがけ ×

トイレの芳香剤もやめましょう ×

教科書のインクも苦しいようなので

教室を離れるときは窓を開けて

次の授業で使うページをあらかじめ開いておきましょう

気持ち悪くならないよ！よかった！

空気がいいと頭が冴える気がするね

教科書・文具類

第3章 シックスクール対策百科～シックスクールは防げる～

ノート・プリント

発症の原因	紙の漂白剤など／インクの有機溶剤
対策	影響が少ないノートに替える／プリントは配布前に風に当て、有機溶剤を飛ばす

ノートの製造工程では、漂白剤などの様々な化学物質が使われています。使用される化学物質はメーカーによってまちまちであり、シックスクールの児童生徒が安心して使える、化学物質の曝露が少ないノートを探すのに、保護者の方たちは苦労されていることでしょう。

できればシックスクールの児童生徒が使っているノートに、クラス全員が切り替えてくれれば、今苦しんでいる児童生徒のためだけでなく、クラス全体のためになるのではないでしょうか。

またプリントを作るのに欠かせない印刷機は、学校の情報発信の要です。授業で使用する教材やテスト、保護者への連絡文書などが毎日のように、印刷されて配布されています。プリント、特に印刷したばかりのも

のが配布された時、次のような様子を見せる児童生徒はいないでしょうか。

・プリントが配られると咳をする
・プリントに書く文字が、普段よりヘタで乱雑になる
・普段は学習内容がよくわかっているのに、テストになるとできなくなる
・窓を開けている季節はテストのできがよく、窓を閉める季節になるとできが悪くなる

こういった子どもは、シックスクールを発症している可能性があります。重篤になる前に対策を始めましょう。

最もいけないパターンは、配布直前に印刷したばかりのプリントを持って、教室に駆け込むことです。配

教科書・文具類

マーカー（油性・水性・ホワイトボード用）

発症の原因	インクの有機溶剤
対策	油性マーカー、ホワイトボード用マーカーは使わない／換気しながら使う

布前には風に当てる時間をつくり、できるだけインクの有機溶剤を飛ばすのが基本です。また、小学校では、カラープリントのテスト用紙を使うことも多いかと思います。業者が作成・印刷して納品するので、テスト当日までに時間があるはずです。必ず風に当ててから配布しましょう。

シックスクールの児童生徒にとって、油性マーカーに含まれる有機溶剤はつらいものです。階が離れた教室で使っていても、頭痛を起こしたり、"酔った"ような状態になることがあります。私は原則的に、児童生徒のいるところでは、油性マーカーの使用を自粛しています。そして児童生徒には、水性マーカーを配布するようにしています。

また近年、パソコン室などでホワイトボードを使用することが多くなりました。ホワイトボード用マーカーには、独特の強い臭気があります。臭いを抑えたものも販売されていますが、臭いがないだけに逆に使用に気づくのが遅くなり、より重篤な反応が出る児童生徒もいるようです。

油性マーカーもホワイトボード用マーカーも、どうしても使わなければならない場合は必ず窓を開け、換気ができるようにしてから使用してください。

第3章 シックスクール対策百科〜シックスクールは防げる〜

鉛筆・ボールペン

発症の原因	塗料／インク
対策	塗装していない製品を選ぶ／できるだけ鉛筆を使う

シックスクールの子どもを持つ親がこう話してくれました。「うちの子は、鉛筆に塗られた塗料に反応するので、白木の鉛筆にしています」と。学校で購入する鉛筆は、できる限り塗装していない製品を選ぶようにしましょう。

一般的に化学物質に過敏な方は、ボールペンや万年筆を嫌います。重篤な化学物質過敏症の方から、私の所に届く手紙は鉛筆書きですし、ボールペンを持っている人を見るだけで、その場から離れる方もいます。シックスクールの児童生徒に渡す通知表や連絡票などは、何に反応するかを聞いた上で、できるだけ鉛筆書きにしてください。

チョーク

発症の原因	蛍光塗料を含むチョーク
対策	4色にしぼる（シックスクールと色覚問題の両方に対応するため）

教科書・文具類

色覚特性に対応したチョーク（「色覚対応チョーク」「色覚障害対応チョーク」などの名で販売されています）に、シックスクールの児童生徒が反応するという話を聞いたことがあります。蛍光塗料に含まれる、化学物質に反応するようです。

しかも色覚特性に対応したチョークは、色覚特性の児童生徒にはかえって見えにくいという、研究結果もあります（「色覚異常対応とされるチョークの問題点」、『臨床眼科』第60巻第10号、医学書院）。

そこで私の勤務校では、蛍光塗料を含むチョークは使わず、チョークの購入をしぼっています。教員の要望により〝青〟〝赤〟を加えます。

黒板での見やすさや管理のしやすさを考えて、現在の4色に落ち着きました。

文科省発行の『色覚問題に関する指導の手引』（1989年3月、1994年増刷版）の、「〈板書〉板書するに当たっては次のような点に留意するとよいでしょう。

（1）緑色黒板上に赤や青色のチョークを使用すると見にくいので、主に白や黄色を用いる。（以下略）」

という記載を元にしています。

最近では、チョークの色が見やすいということで、業者からハイグレーの黒板を勧められることもあります。

セロハンテープ・両面テープ		
⚠️ 発症の原因	粘着剤など	
➕ 対策	植物由来の製品を選ぶ	

教科書・文具類

第3章　シックスクール対策百科～シックスクールは防げる～

教室で使用頻度の高いセロハンテープは、自然に還元できる植物由来の製品がよいと思います。まずにおいをかぎ、少しでも異臭がしたら、その製品は取り替えることを考えてください。

両面テープは臭気が強いものが多いので、F☆☆☆☆製品（p86参照）でも児童生徒には使わせない方がよいと思います。誰が使う場合でも、使用前に風を当て、化学物質を飛ばすとよいでしょう。

私の勤務校では、他の文具に臭気が移らないように、一巻きずつ袋に入った製品を購入しています。個別包装であれば使う分だけ外に出しているので、臭気も少なくてすみます。以前、「環境のために余分な包装をしない」ことをうたった格安の両面テープを購入したところ、私自身が臭気に耐えられず、児童生徒の出入りしない保管室にしまいこんだことがありました。学校での使用頻度が高い製品は念のため、MSDS（化学物質安全性データシート）をとっておくのがよいでしょう。

ガムテープ		
⚠ 発症の原因	粘着剤	
✚ 対策	有機溶剤の使用を抑えた製品を選ぶ／特に布製ガムテープの使用は避ける	

ガムテープは便利な製品です。しかし教室内での使用はできる限り避けてほしいものの一つです。紙製ガムテープ、梱包用の透明テープであれば、まだ臭気は少ないですが、布製ガムテープ、特にアクリル系粘着剤とあるガムテープの臭気は強烈です（最近では、粘着剤の有機溶剤の使用を抑えた、ゴム系粘着剤を使ったガムテープも販売され始めています）。

私自身、ガムテープが近くにあるだけで吐き気がす

教科書・文具類

ることがあります。近年、倹約のために封書の使い回しをしたり、封筒を強化するために布製ガムテープが貼られている封筒が届くことが増えました。息を止めて封を開けようとしても、ガムテープから揮発する臭気を吸い込んでしまうと、舌がざらつき、のどの奥から吐き気がしてきます。

ゴム系粘着剤を使ったガムテープにも反応してしまうシックスクールの児童生徒もいます。布製ガムテープを使用しなければならない時は、屋外で作業をして、使用後はしばらく風に当てて化学物質を揮発させてください。この種のガムテープは、シックスクールの児童生徒が反応する可能性が高いことを知っておいてほしいと思います。

教科書・文具類

修正液

発症の原因	合成樹脂／樹脂を溶かす有機溶剤など
対策	児童生徒の前で使用は避ける

修正液は、症状が軽い私でも頭がくらくらして思考力が低下する感じがするほど、きつい臭いがします。修正テープの方が体がずっと楽です。

156

第3章　シックスクール対策百科～シックスクールは防げる～

糊・接着剤	
⚠ 発症の原因	有機溶剤（ホルムアルデヒドなど）
✚ 対策	換気をする／屋外で使う／使用後、屋外で乾かす／スプレー糊、接着剤の使用を避ける

学校で糊は必需品ですが、においがきつい製品もあります。たとえば私には、"スティック糊"の臭気は特に強く感じられ、他の職員が使っていても苦しくなります。換気扇をフル回転させた職員室にいても、自分がスティック糊を使った後は、清浄な外気を吸うために休息をとらなければならなくなります。

また"スプレー糊"は、紙がきれいに貼り付けられる便利な製品ですが、私はスプレー糊が発売され始めた頃、使用した後はなぜか体調が悪くなると感じていました。今思えばスプレー糊に含まれる有機溶剤が原因だったようです。実際、2007年（平成19）6月15日に厚労省から通知された「スプレー式接着剤の使用に伴う重大製品事故について」には、「一般的に、有機溶剤を使用したスプレー式製品では、製品の種類や成分にかかわらず、吸入や誤嚥による健康被害が発生しやすいことが知られ（以下略）」と書かれています。

スプレー糊は、シックスクールの児童生徒がいるところでは絶対に使用しないでください。大人が使用する場合も、説明書に書かれている注意事項を必ず守り、必要があれば保護具をつけて使用してください。

"接着剤"にも有機溶剤が使われています。シックスクールの児童生徒のいるところでは、使用を避けましょう。授業の中でクラス全員が一斉に使ったら、シックスクールの児童生徒の許容量をあっという間に超えてしまい、新たな発症者が出る可能性もあります。屋外での作業を勧めますが、それができない場合にはすべての窓を開放し、十分な風が入る場所で作業して

教科書・文具類

157

ください。教室で使用する場合には、次の点を心がけてください。
(1) 接着剤を使用する場合は、使用状況をあらかじめ学校全体に知らせる。
(2) 図工室などの特別教室を使用し、できるだけ普通教室から距離をとる。さらに接着剤のにおいが他の教室に流れないように、廊下側の入り口を閉める。
(3) ベランダ側の窓を開け、換気扇を使用する。対角線上に給気口を作ると、効率がよい。接着剤の使用後も、しばらく換気扇を使用する。
(4) 接着剤を使用した作品は、ベランダなどで乾かしてから展示する。乾かす場所が確保できない時は、使わずにできる授業内容にする。

教材カタログにある糊や接着剤の成分を見ると、児童生徒が使う糊にも、ホルムアルデヒドが含まれていることがわかります。私は安全を第一に考え、できるだけMSDS(化学物質安全性データシート)を取り寄せて、含まれる化学物質を確認してから購入しています。小学校1年生が入学の際に購入する"文具セット"の中にも、このような糊が入っています。化学物質曝露という視点からセットの中身について再考する必要があると考えています。

数年前に"主成分：多糖類"と書かれている糊を見つけました。私にはほとんどにおいが感じられない製品だったので、ある夏の日、試しに使い切った糊の入れ物を日の当たる場所に置いておきました。するとアリが集まって来たのです。他にもいろいろな糊を試してみましたが、アリが集まって来るのはこの糊だけでした。現在は残念ながら生産中止になってしまいましたが、このような糊があったことは知っていただきたいと思います。

教材・教具

最近、有害物質に対する対策を求める学校が増えていることから、安全性の高い教材も販売されるようになってきています。価格、利便性、機能性、安全性をはかりにかけながら、児童生徒にとってベストの教材を探し、購入するのは、とても重要な仕事です。安全かつ授業の目的を達成できる製品は「必ずある」と信じて、探してみてください。

もし、シックスクールの児童生徒が使える教材がない場合は、学校は機会がある毎に、教材会社にそのことを伝えましょう。現場からの声こそが、現状を少しずつ改善していくと思うからです。そして教材会社には、未来を生きる児童生徒の目線に立った教材作りをしていただきたいと思います。

版画インク・版画板	
⚠ 発症の原因	インクの有機溶剤／版画板の接着剤
✚ 対策	換気をする／水性インクを使う／無垢材の版画板を使う／作品はベイクアウトしてから展示

教材・教具

シックスクールの児童生徒にとって、版画インクといった、いわゆる図画工作の教材のほとんどは臭いがきついと思われます。しかも使う時期は、たいていが冬場です。寒い季節には屋外の活動ができないため、屋内でできる教材を使った単元が中心となるからです。

しかしシックスクールの児童生徒にとっては、たとえ換気扇を回していても、寒いからといって窓を閉め切った教室で、有機溶剤を含む教材が使えるとは思えません。学校はこれらの単元を、春季や秋季に行なうことも視野に入れてほしいと思います。

"版画インク"には、水性のものと油性のものがあります。マーカーと同じく、油性のものは使わず、水性のものにしてください（p152参照）。

ある学校では、保護者から依頼を受けた場合にのみ、使用する1カ月ほど前から版画インクに有用微生物菌（EM菌）を練り込む処理をしていると聞きました。この対策を行なったところ、シックスクールの児童が版画の授業に参加できたそうです。EM菌になぜ効果があるのかはわかりませんが、私も機会があったら試してみたいと思っています。

また、"版画板"を選ぶ際は、合板に使用された接着剤のホルムアルデヒドなどに注意します。合板は、F☆☆☆☆（p86参照）以上の安全性がほしいものです。作業しやすい板を探すのではなく、安全性を第一に考えて選んでください。地域の木工店に相談するなどして、無垢材を購入する方法もあります。

作品ができたら必ず乾燥期間を長くとり、その後、作品の展示室をつくって展示することをお勧めします。

160

こうして進める版画の授業

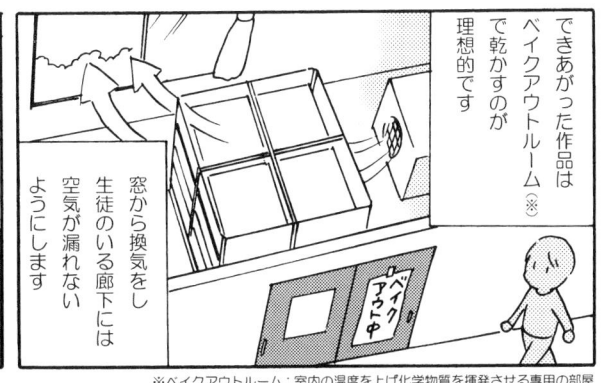

版画の授業は冬に行なうことが多いですが

インクや版画板を室内で使うと空気が悪くなってしまいます

窓を開けられる時期に行なうと良いでしょう

板は無垢材のものを選びましょう

輸入品は農薬が使われていることもあります

インクにはEM菌を混ぜると臭いがなくなるという人もいます

インクを使う際は風通しの良い場所で

インクに反応しやすい生徒は風上にいると良いでしょう

できあがった作品はベイクアウトルーム(※)で乾かすのが理想的です

窓から換気をし生徒のいる廊下には空気が漏れないようにします

3日以上乾燥させてから展示室で展示しましょう

※ベイクアウトルーム：室内の温度を上げ化学物質を揮発させる専用の部屋

教材・教具

絵の具・ポスターカラー・クレヨン

⚠ 発症の原因	展色材など
✚ 対策	天然顔料、自然塗料、ミツロウなどを使った画材を使う／換気をする

値段は高くなりますが、天然の顔料を使った絵の具や、ミツロウ製のクレヨン、自然塗料のポスターカラーに切り替えることをお勧めします。

一般的な絵の具は、鉱物や石油から合成された顔料（色素）と、色素を紙に定着させるためのメディウム（展色材）からできています。メディウムとは、アラビアゴム、デキストリン、グリセリンを混ぜ、加熱し溶かしたものです。シックスクールの児童生徒には使用が厳しいことがあるので、保護者の方と学校との間で、相談しながら使用してください。

クレヨンを使うのは、小学校低学年の児童です。アメリカではAPマーク（※1）、ヨーロッパではCEマーク（※2）のついた、安全性が認証されたクレヨンが販売されています。たとえ現在、シックスクール

の児童生徒が在籍していなくても、安全性を第一に考えて切り替えてはいかがでしょうか。

一般のものより多少高価になると思われますが、小学校の入学説明会などで「予防原則にのっとった（p39参照）製品を選んでいます」と説明し、保護者の方に理解を求めてみてください。

ただし天然顔料を使用している製品であっても、使っている教室の換気に注意しながら使うことは、基本中の基本です。

（※1）APマーク：ACMI（米国画材創造材料協会）がアメリカ合衆国の連邦・州などが定めた各種安全基準に照らし合わせ、その評価や基準を守っているものに対して与えられるマーク。このマークを取得している日本の画材メーカーもある。

教材・教具

第3章　シックスクール対策百科～シックスクールは防げる～

ニス		
	発症の原因	有機溶剤
	対策	ヌカなど天然素材のニスを使う／ニス塗りを免除する

一般的なニスには、ホルムアルデヒド、トルエンやキシレンなどの有機溶剤が含まれています。シックスクールの児童生徒には、ニス塗りを免除しましょう。それ以前に、ニスを塗っている場所にいることもできないと思います。「F☆☆☆☆だから安全」とうたっているニスも販売されていますが、できるだけ天然素材のニスに切り替えた方がよいと思います。私の勤務校では、米ヌカからできた自然塗料を使っています。このような製品の存在を知らない方もいると思いますが、使用した教諭からは「臭わなくて、塗りやすくて、いいニスですね」という評価をもらっています。

(※2)　CEマーク：玩具（画材も含む）に関して、EU域内の製品安全規格に合格していることを示すマーク。「ヨーロッパ玩具安全性規格（EN71／3）」に、対象年齢や使用目的など、様々な角度からの検査項目が定められている。

教材・教具

粘土

⚠ 発症の原因	接着剤など
✚ 対策	ミツロウ粘土やヌカロウ粘土などを使う

粘土には、"軽量粘土（紙粘土）"や"重たい粘土（油粘土）"があり、粘性をもたせるなどの理由で、接着剤などが添加されている場合があります。いわゆるエコ粘土（天然の無機鉱物ベントナイトや紙繊維を使った粘土）でも、化学物質を使っていればシックスクールの児童生徒にはつらいものです。MSDS（化学物質安全性データシート）をとり、何が含まれているかを確認してください。

残念なことですが、幼い児童が使う粘土にさえ、利便性を確保するために化学物質が使われているのです。代替品としては、ミツロウ粘土や米ヌカロウ粘土などがあることを知っておくとよいでしょう。高価になりますが、

洗剤・石けん

⚠ 発症の原因	界面活性剤
✚ 対策	無添加石けん・重曹を使う

教材・教具

第3章　シックスクール対策百科～シックスクールは防げる～

シックスクールの児童生徒にとっては、合成洗剤に使われる"界面活性剤"（p139参照）や、ホルムアルデヒドなどの有機溶剤が特に、体調悪化の原因になります。

私の勤務校では、食器洗い用の洗剤として、有用微生物（EM菌）入りの無添加石けんや重曹を使っています。最初はマスクをしなければ入れなかった家庭科室ですが、これらの洗剤に替えてから、マスクなしでも室内に入れるようになりました。

以前、小学校高学年の児童に、"合成洗剤"と"無添加石けん"の裏面（成分表示や注意書きのところ）を比較してもらったことがあります。合成洗剤の方にだけ「使用に当たりゴム手袋を使用してください」という注意書きがあるのを見た児童は、「ゴム手袋を使用しなくてはいけないとは、手によくないことなのか」と、気づいたことを言ってくれました。

家庭科室には、100％石けん素地の石けんと重曹があれば、十分です。シックスクールの児童生徒の保護者の方とも相談しながら、購入する製品を決めてもらえればと思います。

アイロン		
⚠ 発症の原因	アイロン台／生地に使われた有機溶剤	
✚ 対策	換気をする／アイロン台をオーガニックコットンにする	

教材・教具

児童生徒がアイロンをかける際には、まず換気をします。温まったアイロンが衣服に当たると、衣服に使われている有機溶剤が揮発します。それに曝露しないようにするためです（衣服に使われる化学物質については、p141参照）。

また見落とされがちですが、アイロン台の生地も、

化学物質が揮発しないような材質を選ぶことが必要です。綿100％のオーガニックコットン製をお勧めします。オーガニックコットンは、他の化学物質を吸着しやすいので、まめに洗ってください。

ボール		
⚠ 発症の原因	ゴムなど（ボールの種類で使われるものが異なる）	
✚ 対策	風を当てる／ボール以外の用途では使わない	

体育科教材には、サッカーや卓球などのボールや、ラケット、跳び箱といった用具など、様々な種類があります。それらの多くに発症の原因となる化学物質が使われていることは、知っておいていただきたいことです。

サッカーボール、バスケットボールなど、競技ごとに使われるボールは異なります。それぞれどのような化学物質が使われているか、調べておく必要があります。特に新しいボールをおろす時は、子どもたちに渡す前に布で拭き、十分風を当ててください。またボール本来の用途から外れますが、使わなく

なった硬式テニスボールに切れ込みを入れ、机や椅子の脚部にはめこむ学校があるようです。机や椅子を引きずった時の音を消す消音効果や、床が傷付かないようにするためです。当初は、補聴器をつけている児童生徒の騒音対策のために考案されたそうです。

テニスボールの内部には、ゴム製品や化学物質が使われたコア（芯）と呼ばれる部分があります。中古ボールがどのような化学物質を放散するかを調査したところ、アセトアルデヒド、ベンゼン、シクロヘキサンなどの有害な化学物質が出ていることがわかりました。こうした目的外の使用方法については、メーカー

教材・教具

166

第3章 シックスクール対策百科～シックスクールは防げる～

側に責任を問うことはできません。ボール以外の用途で使用することは避けてください。

私が代替案を聞かれた時は、こう答えました。

「使用済みの衣料品（卒業生の着古した運動着など）を切って何枚か重ねて縫い合わせ、机と椅子の脚部を包み込むような袋を、家庭科の時間に生徒が作ってはいかがでしょうか。余計な化学物質を吸わなくなるだけでなく、思いやりの実践にもなります」と。

跳び箱	
⚠ 発症の原因	接着剤／塗料／殺菌剤／防腐剤
✚ 対策	古いものを修繕して使う

跳び箱が老朽化してきたので（特に手などをついて跳ぶ上面部）、新しい跳び箱を購入しようと教材カタログを調べたことがあります。カタログからは、合板の接着剤（ホルムアルデヒドなど）や、塗料（有機溶剤など）の心配がない跳び箱を見つけることができませんでした。それだけでなく、芯材のウレタンシートには、殺菌剤や防腐剤まで使われていました。

結局、新たに購入することをやめ、今あるものを修繕する方法で乗り切ることにしました。仮に修繕部分から化学物質が揮発したとしても、新しい製品にするよりもずっと、化学物質の揮発量が少ないと考えたからです。

化学物質に頼らない跳び箱の製造を、メーカーにしていただきたいと思います。

教材・教具

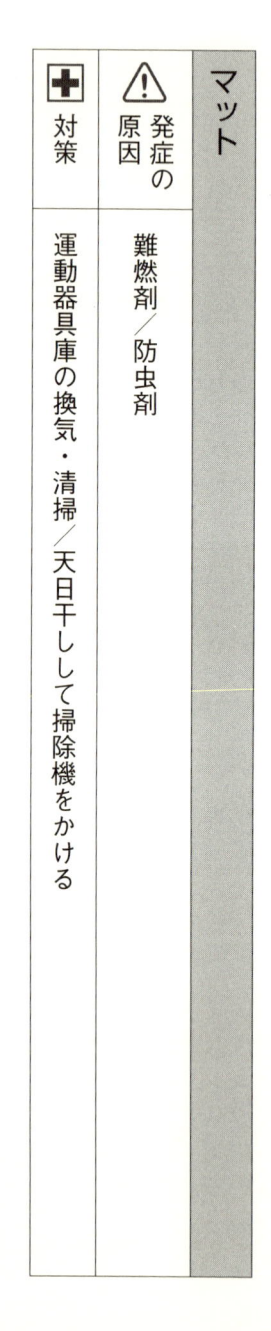

マット	
⚠ 発症の原因	難燃剤／防虫剤
✚ 対策	運動器具庫の換気・清掃／天日干しして掃除機をかける

教材・教具

教材カタログを見ると、ほとんどのマット製品には防炎加工や防ダニ加工がほどこされています。一般的にはシックスクール発症の原因物質として、ホルムアルデヒドなどのVOCsが挙げられます。ですが私は、防炎加工や防ダニ加工に使われる、難燃剤や殺虫剤といった有機リン剤の方が、発症の大きな要因になるのではないかと思っています（p77参照）。

マットにふれる毎にダニを吸い込むのか、ダニが出ない代わりに神経毒性のある有機リン剤に曝露するのか。そのどちらのリスクも、児童生徒に負わせるわけにはいきません。

一番よいのは、薬剤を使っていないマットを特注することです。そこまでできなくとも、マットを天日干ししてから電気掃除機で吸引するなどの方法をとって、運動器具庫の整理整頓と清掃をまめに行なうこと、マットを天日干ししてダニを減らす対策をしてください。

168

第3章　シックスクール対策百科〜シックスクールは防げる〜

柔道場の畳	
発症の原因	防虫剤（農薬）
対策	無農薬のイグサを使う／防虫加工をしない／柔道場の風通しをよくする／定期的に日光消毒する

スポーツをする環境を整備することも、シックスクール対策に当たって忘れてはならない要素です。グラウンドの除草剤、緑地帯の殺虫剤、体育館の有機リン剤入りワックス、柔道場の畳の防ダニ剤……例を挙げればきりがありません。柔道場の畳の防ダニのためにも、そしてまだ発症していない児童生徒の予防のためにも環境に配慮してみてください。

防虫加工した畳の柔道場に入るには、シックスクールの児童生徒にとって相当のリスクが伴います。症状の悪化は避けられないかもしれません。実際、化学物質過敏症になった方には、発症の引き金として、防虫加工した畳の部屋で生活したことを挙げる人も少なからずいます。

一般的には、ダニ防止のために防虫剤を使った畳が衛生的とされています。畳を扱う業者がサービスで防ダニ加工をしてくれることもあるでしょう。しかしこの〝防虫剤〟が農薬であることを知っている人は、思いのほか少ないのではないでしょうか。業者からすれば、畳のダニでアレルギーなどの症状が起きるリスクを避けたいですから、防虫剤を使用する方が安心です。

畳の購入に当たっては、無農薬の畳であることを条件にしなくてはなりません。原料のイグサから無農薬で育て、防虫加工をしていない製品を購入することです。

もちろん防虫加工されていない畳は、ダニなどが発生しやすくなりますから、柔道場の湿度に気を配り、常時風通しをよくすることが大切です。月に１回は畳を天日に当て、日光消毒をするのを習慣化しましょう。

教材・教具

169

大量のダニの発生は困りますが、少しのダニがいるくらいの状態の方が、防虫加工（農薬処理）をして全くダニがいない状態よりも、むしろ安全という考え方をしてほしいと思います。

卓球台・ラケット

⚠ 発症の原因	接着剤／塗料
✚ 対策	新しいものは風を当ててから使う

新しい卓球台は、よく風に当ててから使用してください。高価になるかもしれませんが、パーティクルボード（木材の小片を接着剤と混合し、熱圧成型したもの）よりも、一枚板（単板）を使った、できるだけ接着剤を使わない卓球台をお勧めします。しかも早めに発注し、卓球台メーカーに、納品までベイクアウトしてもらうのがお勧めです。

卓球のラケットも、単板のものをお勧めします。どうしても合板を選ばなければならない時は、製造したてのものではなく、製造から時間を経たものを選びましょう。

またラケットにラバーを貼る時には、特殊な接着剤を使います。かつて卓球界では、この特殊な接着剤を頻繁に使用し、ラバーに反発力を与えてボールにスピードを出す方法が流行していました（p171コラム参照）。その当時であれば、シックスクールの児童生徒には卓球を勧められないどころか、最も危険なスポーツとしてここに紹介していたことでしょう。現在は特殊な接着剤の代わりに、接着シートが使われるようになりました。以前と比べれば、安全になったと言えると思います。

教材・教具

170

COLUMN

ラバーダイン事件

　卓球選手はかつて、揮発性の高い有機溶剤が入った接着剤（ここでは、"ラバーダイン"と総称します）を使って、試合毎にラバーを貼り直していました。ボールに少しでもスピードを出すためでした。このラバーダインをヨーロッパの選手が使い始めた時、"ミスター卓球"と呼ばれた故・荻村伊智朗氏は、その有害性に早くから気づき「すぐにでも禁止すべき」との意見を出していました。しかしメーカーのみならず、世界的に活躍している選手たちからも、ルール改正には反対の声が上がりました。

　ラバーダインが禁止されれば、打球にスピードが出なくなります。スピードを出すには、筋力や鞭のようなしなやかさを身につける必要がありますが、一朝一夕で体は作れません。それは場合によっては選手生命の終わりも意味します。このような選手の気持ちが痛いほどわかりながらも、荻村氏はルール改正に動きましたが、道半ばで亡くなってしまいました。

　それでも有機溶剤が人体に"毒"であることに変わりはなく、次第に反対の声が高まったことで、（財）日本卓球協会はルール改正に踏み切りました。2008（平成20）年9月1日から、接着剤やクリーナーなどの使用を禁止することになったのです（小学生以下であるホープス以下の選手は、2007年（平成19）4月1日より使用禁止）。

　しかし、ルール改正をわずか1カ月後に控えたある日、事件は起こりました。40代のベテラン選手が、ラケットにラバーを貼り付けている最中に「アナフィラキシーショック（過敏性のアレルギー反応の一種。重篤な状態に陥ることが多い）」を起こし、意識不明の重体で入院したのです。原因はベテラン選手が長年愛用していた接着剤でした（現在ではルール改正を受け、接着剤は改良されています）。

　「以前は大丈夫だったものが、前触れもなく大きな苦痛をもたらす」という典型的な化学物質に対する人間の反応を示す事件でした。シックスクール問題でも同じだと、私は考えています。たとえ反対されても、目の前の利益よりも選手の体を第一に考えた、荻村氏の姿勢に学ばねばならないと思います。

墨汁・墨

⚠ 発症の原因	合成樹脂／防腐剤など
✚ 対策	墨汁を使わず、墨をする

"墨"とは本来、ススをニカワと香料で固めた固形墨を硯ですり、水に溶かしたものです。それに対し、墨をする手間を省いたものが"墨汁"です。本来ならば固まってしまう墨を常時液状にするため、墨汁にはさまざまな化学物質が入っています。カーボン、合成樹脂、不凍液などです。腐りやすいため防腐剤も含まれています。安全性を第一に考えるのならば、墨汁を使用することは避け、墨をすってほしいと思います。

学校で墨汁が使われている背景には「墨をすって墨滴を作るまでに時間がかかる」ことがあるでしょう。授業時間が週に1時間で墨をする時間がとれないのであれば、書道の時間を隔週にして、連続2時間分を使うという選択肢もあると思います（最初の1時間で、墨をすることで精神を集中し、次の2時間目に自分ですった墨で書く）。昔の人と同じように墨をすって丁寧に文字を書くことは、人に落ち着きを与えてくれるのではないでしょうか。

教材・教具

清掃用具

洗剤・スポンジ・掃除機

⚠ 発症の原因	洗剤の界面活性剤／スポンジの抗菌加工／掃除機の紙パックなど
✚ 対策	石けん・重曹を使う／抗菌加工されていないスポンジを使う／防ダニ・抗菌・防臭加工されていないフィルターの掃除機を使う

ほとんどの学校では、清掃の際に合成洗剤を使用するのではないかと思います。シックスクールの児童生徒には、合成洗剤に含まれる"界面活性剤"が大きな負担になります。100％石けん素地の石けんと重曹に替えていただきたいと思います（p139参照）。

抗菌加工されているスポンジもありますので、加工していないものを使ってください。児童生徒は素手で掃除をするので、抗菌剤に反応することもあります。抗菌加工剤は、皮膚を守る常在菌を殺してしまうことも危惧されます。メラミンスポンジなどにも、注意が必要です。私の場合、素手で使用すると、指に治りにくいあかぎれができることがあります。どうしても使用しなければならない時は、素手ではなく、ゴム手袋とマスクの使用をお勧めします。

電気掃除機を使っている学校もあるでしょう。ゴミを溜めておくフィルター部分に、防臭、抗菌、防ダニ加工がされている製品が多いので、気をつけたいところです。できるだけ単純な構造で、フィルター部分に

これらの加工がされていない掃除機の登場を願っています（p137参照）。

ガラスクリーナー

⚠ 発症の原因	ガラスクリーナーの有機溶剤、香料／新聞紙のインクの有機溶剤など
✚ 対策	雑巾とワイパーで水拭き／新聞紙は使わない

ガラスの清掃は、水で十分です。きれいな雑巾に水を多めに含ませ、まずガラス面についた大きな汚れを流します。それからガラス拭き用のワイパー（ゴム製のものなど）で水を除き、最後に乾いた柔らかめの雑巾で、拭き残した部分や水を素早く拭き取れば、十分きれいになります。

ミカンの皮で汚れを落とす方法もありますが、ワックスを塗っていないミカンや、無農薬ミカンを使うようにしてください。

ガラス清掃に使われるガラスクリーナーには、有機溶剤や香料を含むものがあります。シックスクールの児童生徒にとって、症状悪化の原因になりかねないので、使用は避けてください。

またガラスクリーナーの代わりに、濡らした新聞紙を使う学校もあります。新聞の繊維がガラスの汚れを落とし、インクの油分がガラスについてよく光るそうですが、シックスクールの児童生徒から見れば、インクの有機溶剤が塗り広げられることを意味します。

清掃用具

第3章　シックスクール対策百科～シックスクールは防げる～

ゴミ箱		
発症の原因		プラスチックの可塑剤
対策		天然素材や金属製ものに替える

学校にはたくさんのゴミ箱があるかと思います。その多くはプラスチック製で、可塑剤としてフタル酸エステルや有機リン剤が使われています。フタル酸エステルは、内分泌攪乱物質（環境ホルモン）の一種で、欧米では乳幼児を対象とした玩具への使用が規制されています。

難しいかもしれませんが、教室からプラスチック製品を、少しずつでも減らす努力をしていきましょう。安く便利だからといって安易にプラスチック製にするのではなく、購入する数を減らしてでも、天然素材あるいは金属製を選んであげましょう。

清掃用具

175

PART3・活動別

行事・生活

　一度シックスクールを発症してしまうと、その後、様々な化学物質に曝露するたびに出る症状に、苦しむことになります。昨日までは何ともなかったことが、今日は不快に感じることも日常茶飯事です。クラスメートの衣服や、シャンプー、リンスに使われた化学香料のにおいなどには、息をするのも苦しくなってしまうほどです。こうした大変さを、日常的に接しているクラスメートであれば、ある程度は理解をしてくれるかもしれません。

　しかし学校行事などには、日頃来校する機会の少ない保護者や来賓の方々もみえます。改めてシックスクールについて説明されなければ、ご存じない方も多いのではないでしょうか（簡単な説明だけでは、理解できない方もいるかもしれません）。シックスクールについて理解してもらうのは、本当に難しいことです。ですが来校する以上は、十分に理解はできなくても、シックスクールの児童生徒が苦しまないような対策をしていただかなくてはなりません。

第3章　シックスクール対策百科〜シックスクールは防げる〜

来校時の注意（文例）

発症の原因	合成洗剤で洗った衣服、香水、タバコなど
対策	学校から注意を促す文書を出す

保護者や来賓者には、次の点を注意してもらいましょう。

（1）衣類への配慮
・式に着る衣服は合成洗剤で洗わず、100％石けん素地の洗剤（p139参照）などで洗ったものにする。
・防虫剤を使って保管していた衣服、ドライクリーニングをした衣服は、来校の1週間前あたりから風を通して着用する（p141参照）。
・1秒でも多く外気に当てて風を通し、染みついた薬剤の成分を飛ばす。ヒノキチオールのような天然系の防虫剤でも同じ。

（2）香水
・香水は付けない
・香水の付いた衣類を着用しない。天然由来の香料でも同じ。アロマオイル（エッセンシャル・オイル）に反応してしまう児童生徒もいる。
・髪に付けたら洗髪する。肌に付けたらにおいが消えるまで拭き取る。

（3）化粧や整髪料を控える
・最低限の化粧ですませ、最低でも数時間おいてから登校する。
・化学香料の残るシャンプーやリンス、整髪料も使わないよう配慮する。特に男性の整髪料は、微香性でも臭いがきついので要注意。
・どうしても整髪したい時は、添加物の入っていない椿油などで対応する。

（4）タバコは朝から吸わない
・学校行事当日は、タバコを吸わない。朝起きてか

行事・生活

ら、学校行事を終えて校門を出るまでは、完全に禁煙にする。

・体や衣服、髪にタバコの煙のにおいがついていると、児童生徒が臭いに反応して体調が悪化したり、新たな発症の引き金にもなる。

・学校だけでなく家庭でも、お子さんにタバコを曝露させない工夫をする。

(5) 農薬散布・塗装などの作業をした衣服は着ない

・農薬を散布したり、有機溶剤を含む薬剤などを使った時の衣服は、着用しない。

シックスクールの児童生徒への理解を深めてもらうために、授業参観や運動会などあらゆる行事の際には、保護者の方に通知を発送することもあらかじめ有効だと考えます。学校長とPTA会長との、連名通知であればさらに有効です。

以下、通知の文例を挙げます(この案を元に、各学校の状況に合わせた内容になるように検討してみてください)。

運動会		
⚠ 発症の原因	テント／ガムテープ／火薬／ビニール／タバコなど
✚ 対策	用品を風に当てておく／喫煙所を児童生徒から離れたところに設置

テント、ガムテープ、スターターに使う火薬、出し物に使う塩化ビニール製品などの臭気に、シックスクールの児童生徒が苦しむと考えられます。運動会を秋に行なうならば、夏季休業中から風通しのよいところにこれらの用品を置いて風を当て、においを少しでも減らす工夫をしてください。また喫煙所は、学校の敷地外に設置してください(学校の管理外の場所になります)。

行事・生活

第3章　シックスクール対策百科～シックスクールは防げる～

　　　　　　　　　　　　　　　　　　　　　　　　　　　年　　月　　日

式典参加者　各位
　　　　　　　　　　　　　　　○○市立○○○学校　校長　○○　○○
　　　　　　　　　　　　　　　　　　　　　　　ＰＴＡ会長　○○　○○

　　　　　　　　　　　　来校時における注意事項について

　この度は御○○おめでとうございます。昨今、化学物質によるシックスクール（シックハウス）が問題となっております。本校でも教育委員会等の関係機関と連携し、校医・保健所等の指導を受けながら児童の安全のために努力・工夫をいたしております。体育館での式典に参加いただく際は、下記の点について御配慮いただきたくお願い申し上げます。

　　　　　　　　　　　　　　　　　記

１．注意すること
①衣類の防虫剤臭・ドライクリーニング臭・合成洗剤臭（1週間程度干してください）
②香水等の芳香剤臭（朝からつけない）
③化粧・合成洗剤・シャンプー・リンス・スプレーの残臭、特に男性の整髪料臭等
④タバコ臭（来校される日の朝から喫煙しないでください）
⑤農薬や、揮発性有機溶剤臭（農薬などを散布した服は着用しないでください）

＊児童等に体調の悪化が予測される場合には、式典に参加される来賓者・保護者の方々であっても会場から退出をお願いする場合がありますので、重ねてご配慮願います。

行事・生活

運動会前には、前述の「来校時における注意事項について」を保護者に配布して、協力してもらいましょう。シックスクールの児童生徒のためにも、できることをしていただきたいと思います。

持久走大会・球技大会

⚠ 発症の原因	農地などで使用される農薬／工場などで使用される有機溶剤／体育館のワックス
✚ 対策	コースを選ぶ／周囲に協力を求める／ワックスを使用しない

持久走大会のコースを決める場合は、交通事情だけではなく、除草剤や殺虫剤が散布される地域はないか、工場などから有機溶剤や排煙が出ていないかにも、配慮が必要です。地域の方には事前にコースを知らせ、数日間は農薬などを散布しないように理解を求めましょう。

球技大会をする際は、体育館のワックスに問題はないかなどの注意をしてください（p108参照）。

水泳大会

⚠ 発症の原因	殺菌剤（次亜塩素酸ソーダなど）
✚ 対策	参加を免除する／余分な殺菌剤を使わない

行事・生活

第3章　シックスクール対策百科〜シックスクールは防げる〜

シックスクールの児童生徒は、プールの殺菌剤（次亜塩素酸ソーダなど）に反応するので、プールに近寄らないように、シャワーをしっかり浴びて、体についたプールの水を十分洗い流してください。

シックスクールの児童生徒のためだけでなく、全ての児童生徒のためにも、できるだけ余分な殺菌剤を使わず、最低限の薬剤処理ですませることを目標にしてください。

腰洗い漕には、アトピーの児童生徒も通さないようにするのがよいと思います。またプールから上がる際には、教室に残されたシックスクールの児童生徒が困ることすらできません。水泳大会には当然出場できないでしょう。その時間は参加を免除するくらいしか方法はありません。

写生大会		
⚠ 発症の原因	絵の具など	
✚ 対策	風通しのいい場所や、風上を選ぶ	

シックスクールの児童生徒が写生をする位置に、配慮しましょう。ほかの児童生徒より風上の場所にすると、絵の具などの臭気を避けやすいと思います（p162参照）。それでも症状が出る場合は、素描ができあがったところで場所を移し、風通しのいい場所で残りを仕上げる方法をとるなど、柔軟な対応をしてあげてほしいと思います。

行事・生活

181

書き初め大会

⚠ 発症の原因	墨汁
✚ 対策	墨汁を使わず、墨をする／換気をする／作品はベイクアウトしてから展示

書き初め大会では墨汁を使わず、墨をするところから始めてはどうでしょうか。書き初めは、閉め切った体育館でストーブなどを焚いて書くこともあるかと思います。ストーブの灯油やガスの臭いに加えて、暖められた空気により墨汁から有機溶剤が揮発することで、シックスクールの児童生徒は苦しい思いをするかもしれません（p172参照）。墨をすって書けば、作品から臭うのは、紙が吸った灯油やガスの臭気だけです。作品を展示する時は、墨を十分乾かす（ベイクアウトする）時間をとってください（p100参照）。

部活動

⚠ 発症の原因	芝生や畳の除草剤・防虫剤／合成洗剤／制汗剤／芳香剤／シャンプー・リンスなど
✚ 対策	使用を控えるよう周囲に協力を求める／対応策を学校と保護者で話し合う

行事・生活

第3章　シックスクール対策百科～シックスクールは防げる～

シックスクールの児童生徒にとって、どの部活動に参加するのが安全かは、関心の高いところでしょう。症状が比較的軽ければ、自分が挑戦したいスポーツを選び、その気持ちを励みに体を鍛えるのは、とてもよいことだと思います。たくさんの汗を流すことで体内の化学物質が排出され、さらに鍛えた体で自分のトータル・ボディ・ロードを下げることができれば、症状がそれ以上に進まずにすむ可能性があります。

しかし前述のように、残念ながら環境によってはお勧めできないスポーツがあります。活動する場所で使われている除草剤や防虫剤が、シックスクールの児童生徒にとって大きな負担になるからです。体育館のワックスや、ボールなどの用具の問題もあります。

監督やコーチなどの指導者には、児童生徒が化学物質に曝露する危険性を理解してもらい、部員への協力をお願いしたいと思います。合成洗剤、制汗剤、芳香剤、香料の強いシャンプーやリンスの使用を、部員に控えてもらいたいからです。もちろん、それは協力する部員自身のためにもなることです。

活動中に予期せぬ症状が起きることがあるかもしれません。その時のために、酸素ボンベなどの救急用品を備えつける必要もあるでしょう。シックスクールの生徒が感じている苦しさは、トレーニングの苦しさとは全く別の次元です。決して甘えているのではありません。具体的な対応について、保護者の方とよく話し合っておく必要があります。

火災時の避難

⚠ 発症の原因	校舎や教材に使われている化学物質
✚ 対策	風上に避難する

様々な物品のMSDS（化学物質安全性データシート）を見ると、"火災時の措置"の方法が書かれています。たとえば、ある油性マーカー・水性マーカーには「移動可能な容器は速やかに安全な場所に移す」（中略）発生する蒸気は吸入しないこと。常に風上に位置すること」とあります。ある液体糊では「火元の燃焼源を断ち、消火剤を使用して風上から消火する」と書かれていました。

この2例に共通するのは、火災時には「"風上"を意識する」ということです。火で熱せられると、製品に含まれた化学物質の中には気化するものもあります。この時、風下に避難してしまうと、気化した化学物質に曝露することになります。

学校が火災にあった時、児童生徒をどこに避難させればよいのか。今まで私が勤務してきた学校では、風向きを意識した避難訓練を行なったことは、一度もありませんでした。しかし現実の火災では、校舎から避難する時はまず風向きを確認し、風下に向かって逃げないように指示を出す必要があります。避難場所の設定は難しいですが、風向きは一定ではないので、

・風上に火災の発生源がある時は、風向きに対して直角方向に逃げて風上に回りこむ
・風向き別に、避難場所の案を複数用意しておく

といったことなどを、検討してもよいかもしれません。

また日常的には、物品購入にあたって、安全性が高い製品を選ぶ配慮が必要です。火災時でも危険が予想される製品は初めから購入しないか、割高にはなりますが必要な分量のみを購入して、保管量をできるだけ少なくすることです。日常的に気を配っておけば、火災時にも、空気汚染や化学物質の曝露を防ぐことができます。

行事・生活

校外学習・体験学習

校外学習や、体験学習（社会科見学、宿泊も伴う修学旅行など）を行なう際は、教科との関連や時間配分のみではなく、どのような化学物質に暴露する可能性があるか、事前調査をすることが大切です。

文科省が2012年（平成24）1月に出した「健康的な学習環境を維持管理するために」にも

「校外行事等の特別活動において原因物質に接触することが予想される場合は、事前に現地の様子を調査し、保護者・主治医・学校医等にその対応策を検討し、引率者に周知することが必要です。また、必要に応じ現地の下見に保護者の同伴を依頼することも大切です。」

とあり、学校と保護者の協力した事前調査の大切さが書かれています。

農薬を大量に使用する農地や景勝地、公園などは、農薬の散布時期も計算に入れます。農薬散布の時期は見学先から外す必要があります。特に空中散布は、高い濃度の農薬を大量に撒きますので、周囲を通るだけの場合でも配慮が必要です。

見学先の近くで農薬の空中散布が行なわれることがわかり、中止を訴えたのですが受け入れてもらえず、やむなくシックスクールの児童生徒を欠席させたという話を聞いたことがあります。

群馬県には、農薬を使わない（使えない）「ぐんま昆虫の森」や、無農薬で公園管理をしている「ぐんまこどもの国」があります。生きものを大切にする姿勢を、ここで学ぶことも大切だと思います（ただしこの2カ所でも、有機溶剤などは使用しているかもしれません）。どの場所へ行くにも、事前に必ず、化学物質使用の有無を確認してください。

「使用化学物質チェックシート」を作る

⚠ 発症の原因	施設で使われているワックスなどの化学物質
✚ 対策	チェックシートに記入し、施設に対応を依頼する

次ページに、調査時に役立つ「施設の使用化学物質チェックシート（例）」を挙げました。場所の選定にあたっては、候補先の施設にチェックシートの項目について問い合わせ、化学物質の使用状況を確認します。下見の際には教職員数名で出かけて、チェックシートに記入しながら検討します。

「こんなにたくさんの項目があっては、行く場所がなくなってしまう」と思われる方もあるかもしれません。しかしこれが、シックスクールの児童生徒の現実です。学校は、安全な場所を根気よく探してほしいと思います。

以下、チェックシートの例を挙げます（これを元に、各学校の状況に合わせた内容になるように検討してみてください）。

第3章　シックスクール対策百科〜シックスクールは防げる〜

施設の使用化学物質チェックシート（例）

施設名	住所	電話番号

チェック項目	使用の有無 （○or×）	備考（使用状況・時期など）
Q. 農薬（殺虫剤、殺菌剤など）が使用されているか？		
Q. 施設でワックスが使用されているか（有機リン剤含有の有無も）？		
Q. ポスターカラー、マーカー（油性・水性・ホワイトボード用）を使用しているか？		
Q. 芳香剤を使用しているか（特にパラジクロロベンゼン入りのトイレ芳香剤）？		
Q. タバコ、香水などの状況はどうなっているか？		
Q. カーテン、じゅうたん、家具などに難燃加工がされているか？		
Q. 合成洗剤やクリーニング剤を使用しているか？		
Q. 周りに工場や農地はあるか（ホルムアルデヒドなどの有機溶剤や、農薬が使われているか）？		
Q. 交通機関に、想定される化学物質はあるか（電車やバスに殺虫剤が使われているなど）？		
Q. その他（保護者の方との相談・確認事項）		
●総合判断・特記事項		

交通機関		
発症の原因	殺虫剤、界面活性剤、難燃剤など	
対策	換気をする／バスや電車の事前の消毒を控えてもらうよう依頼する／自家用車での行動も可能にする	

修学旅行のように、実施の1年以上前から契約をする場合には、シックスクールの児童生徒のことを事前に説明して、宿泊施設に理解してもらってください。もしもの場合の緊急避難場所も、決めておく必要があります。

校外学習にバスを利用することも多いと思いますが、児童生徒が乗る前には十分な換気をすることを、バス会社にお願いしておく必要があります。新車には特に気を付けてください。新車特有の刺激臭で、何人もの児童が嘔吐したことがありました。

次の点にも注意します。

(1) 客席を清掃する時、殺虫剤や合成界面活性剤を使っていないか（消毒のための薬剤は農薬と同じ成分であることが多い）

(2) 座席シート生地に難燃剤が使われていないか

(3) 排気ガスが流入しないか（後部座席よりも前の座席の方が、排気ガスの流入が少ない）

バスや電車は、製造・清掃・薬剤散布から時間を経た、VOCsの揮発がないものにしてください。特に新幹線の車内に反応する児童生徒もいますので、交通機関の対応が難しい場合は、保護者の自家用車による随行をお願いしなければなりません。シックスクールの児童生徒が、安心して校外学習や体験学習に参加できるように、学校も保護者も一体になって取り組んでほしいと思います。

第3章 シックスクール対策百科～シックスクールは防げる～

農場見学		
⚠ 発症の原因	農薬
✚ 対策	農薬を使わない場所を選ぶ

シックスクールの児童生徒も参加できるように、農薬を使っている慣行農法の農場よりも、農薬を使っていない農場を選んであげてください。その農地には、たくさんの昆虫や微生物などがすんでいると思います。発酵している土の温もり、ふかふかの畑の気持ちよさを感じてもらえるかもしれません。

農薬を使わない方法を選んだ農家は、より安全な食物を届けることを選択した人たちです。天候のこと、野菜などの植物のことも、本当によく知っています。妥協をしない農法を選んだ人の話す言葉は、児童生徒にとって「珠玉の言葉」になるはずです。

工場見学		
⚠ 発症の原因	工場で使われる化学物質（塗料、接着剤など）
✚ 対策	化学物質対策がされている工場を選ぶ

校外学習・体験学習

工場見学の際はまず、工場の空気の質を考えます。見学先となる企業の、化学物質への対策を事前に調べることは、とても重要です。車の製造工場が見学先になっていることもありますが、シックスクールの児童生徒は入ることもできないでしょう。別の施設を見学するなどの措置が必要になります。

シックスクール発症の有無にかかわらず危険な化学物質を扱っている工場を見学するならば、保護メガネや保護マスクなど、児童生徒を化学物質の曝露から守る工夫をしてあげてください。

施設へのお願い（文例）

⚠ 発症の原因	施設で使われている化学物質
✚ 対策	施設に調査を依頼する文書を送り、対応をお願いする

学校が「化学物質」の安全という観点で真摯に動けば、受け入れる施設なども少しずつ増えてくることでしょう。

宿舎や学習先には、以下のように調査を依頼する文書を送っておきましょう。以下、文例を挙げます（これを元に、各学校の状況に合わせた内容になるように検討してみてください）。

校外学習・体験学習

第3章　シックスクール対策百科〜シックスクールは防げる〜

　　　　　　　　　　　　　　　　　　　　　　　　　　　年　　月　　日

施設長様

　　　　　　　　　　　　　　　○○市立○○小学校　校長　○○　○○

修学旅行並びに校外学習にかかわるお願いについて

来る○月○日に本校の○年生の校外学習において貴施設を利用させて頂くことになり感謝しております。昨今、化学物質によるシックスクール（シックハウス）が問題となっており、本校児童はその軽度の状態にあります。しかしながら化学物質により症状が悪化する可能性もあるため、本校では健康安全に配慮した教育活動を、関係機関と連携しながら推進しているところです。
下記の内容について、校外学習実施に伴う重要な資料にしたく、ご返答のほどお願い申し上げます。

　　　　　　　　　　　　　　　　記

1．ビル管理法に基づく清掃等について
　　使用薬剤（　　　　　　　　　　　　　　　）
　　時期　　　　年　　月　　日（　　曜）

2．殺虫剤等の使用（　　使用した　　使用していない　　）
　　使用薬剤（　　　　　　　　　　　　　　　）
　　時期　　　　年　　月　　日（　　曜）

3．有機溶剤の使用（　　使用した　　使用していない　　）
　　使用薬剤（　　　　　　　　　　　　　　　）
　　時期　　　　年　　月　　日（　　曜）

4．次の化学物質についてお答えください。
　　1）ワックス塗布（　　使用した　　使用していない　）
　　（使用した年月日と製品名　　　　　　　　　　　　　　）

　　2）塗料の使用（　　使用した　　使用していない　）
　　（使用した年月日と製品名　　　　　　　　　　　　　　）

　　3）油性マーカーの使用（　　使用した　　使用していない　）
　　（使用した年月日と製品名　　　　　　　　　　　　　　）

　　4）トイレ芳香剤の使用（　　使用した　　使用していない　）
　　（使用した年月日と製品名　　　　　　　　　　　　　　）

　　5）香水等の使用（　　使用した　　使用していない　）
　　（使用した年月日と製品名　　　　　　　　　　　　　　）

　　6）合成洗剤の使用（　　使用した　　使用していない　）
　　（使用した年月日と製品名　　　　　　　　　　　　　　）

5．近隣の農薬散布の有無
　　・農薬の散布状況

6．その他

※上記項目で、使用中止（またはその可能性を検討中）のものがありましたら、
　「6．その他」にご記入ください。
※上記項目で、ＭＳＤＳ（化学物質安全性データシート）をお持ちの場合は、
　写しを同封いただければ幸いです。

校外学習・体験学習

学校の工事

学校では、改修工事や耐震工事などの比較的規模の大きな工事は、夏季休業中に行なうのが一般的です。児童生徒がいない時期で、しかも工期が長めにとれる期間に設定したいからです。

工事では、浮いてきたモルタルを張り直したり、体育館の通路に風よけを設置したり、破れたカーテンの交換をしたり、塗装のはがれを直したりするなど、校舎全般に手を入れていきます。その程度によっては、冬季休業中の工事も検討します。

学校では工事業者に、児童生徒に怪我をさせないための工夫や、有機溶剤などの化学物質を吸入させないための工夫を理解してもらいながら、工事を進めることが大切です。

塗装工事		
発症の原因	エポキシ樹脂／塗料などの有機溶剤	
対策	養生期間をとる（夏休み中・冬休み中に工事する）／換気をする／工事業者と対策を相談する	

塗装工事は、工期が長めにとれる夏期休業や冬季休業中に行なわれることが多いと思います。実施にあたっては、児童生徒と保護者はもちろん、学校近隣住民にも、「工事の内容と日時」「そこで使われる製品の

成分（MSDSの配布など）」を知らせておかなければなりません。工事情報を公開するのは、体調が悪くなった時に、医師が原因を突き止めやすくするためです。

以下、外壁塗装工事と設備の塗装工事の場合に分けて述べます。

・外壁塗装工事

外壁塗装工事を行なう理由の一つは、外壁の亀裂（クランク）からくる雨漏りを抑えるためです。校舎が新しいうちは亀裂を埋めるだけですみますが、老朽化が進むとそれではすまない場合が多々あります。どの梁を伝わって雨漏りがするか特定するのは難しく、多数の亀裂ができる頃には、外壁全体が老朽化しているので、大がかりな工事が必要になります。

塗装業者はまず足場を組み、次に亀裂にエポキシ樹脂を埋め込みます。エポキシ樹脂は接着剤の役割をして亀裂を埋めるので、その上に新たに塗装すれば工事は完了です。

エポキシ樹脂の成分（ホルムアルデヒドなど）は、雨漏りと同じ経路をたどって室内に入り込みます。シックスクール対策には、より影響の少ないエポキシ樹脂や、その代替物を探すことになります。加えて揮発成分がなくなるまで、児童生徒を校舎内に入れないことです。児童生徒の通学期間に行なわなければならない場合は、特に配慮が必要です。

できれば夏季休業前に足場を組み、休みが始まらすぐに亀裂を埋め、同時に教室の塗装をする時は教室の窓を閉め、ガラス面とサッシの隙間を養生テープでしっかりふさぐようにしましょう。

・設備の塗装工事

夏期休業中に工事を行なう場合は、最低でも休みが終わる2週間前には工事を完了させ、残りを養生期間に充てます。揮発性有機化合物の室内濃度検査などを含めた〝引渡検査〟に合格した上で、児童生徒を教室に入れるようにしてください。さらに学校では、その後も児童生徒や教職員の体調に変化がないか、注意しておかなければなりません。特にホルムアルデヒドキャッチャーを使用しているF☆☆☆製品には、注意が必要です（p86参照）

私の勤務校で、螺旋階段の塗装工事を行なった時の経験です。メーカーから、塗装色の黄色には鉛の含有量が最も多いことを教えられていたので、塗料の飛散を防ぐために細心の注意を払うことにしました。夏期休業中であれば、児童生徒がプールや図書の貸

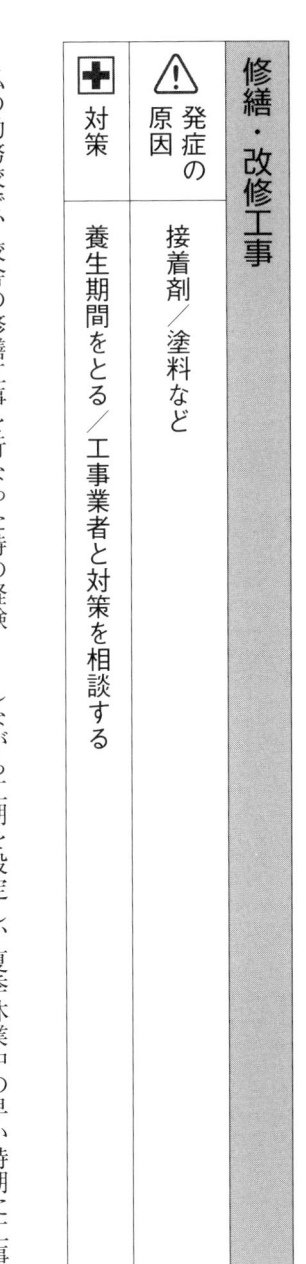

第3章　シックスクール対策百科〜シックスクールは防げる〜

修繕・改修工事

発症の原因	接着剤／塗料など
対策	養生期間をとる／工事業者と対策を相談する

し出しで登校したりして、塗料を吸入してしまうかもしれません。また錆びた塗料をはがす時に、ビニールのカーテンのようなもので階段を覆う方法をとりたかったのですが、暑い夏にこの作業は、とてもできないと考えました。

結局、工事期間を児童生徒が登校しないことがわかっている冬季休業中にしました。2学期の終業式の午後から工事を開始し、塗装を年内の早い時期に終らせ、年末・年始を養生期間に充てました。おかげで、特に問題なく3学期を迎えることができました。

私の勤務校で、校舎の修繕工事を行なった時の経験を例に挙げます。その校舎では、ある教室のイヌバシリから屋上まで、一面にレンガ様のタイルが貼られていました。その教室の担任教諭がある日、1枚のタイルがはがれ落ちそうになっているのを発見しました。頭上に落下すればケガをしたり命の危険にかかわります。すぐに危険地帯を立ち入り禁止にし、工事業者と修繕の工程を相談しました。児童生徒の登校日を確認

しながら工期を設定し、夏季休業中の早い時期に工事が完了するようにしました。少しでも長く養生期間をとるためでした。そして2学期が始まる前に、つつがなく工事を終えることができました。

もっとも気を遣うのは、室内の修繕です。接着剤も塗料もできるだけ使わない算段をすることが肝要です。廊下の窓枠部分のプラスチックがもろくなっていたケースでは、プラスチックをステンレスに替え、接着

学校の工事

195

耐震工事

⚠ 発症の原因	塗装剤／接着剤など
✚ 対策	接着剤などを使わない／換気をする／工事業者と対策を相談する

剤を全く使わずネジ留めにしました。子どもたちの細い指が入るかもしれない部分を磨いて、指が切れない工夫もしました。

古い建物であれば、天井の建材にアスベストが使われていることがあります。見た目では確認できないことがあるので、必ず設計図に当たります。材料にアスベスト混入と書かれていれば、修繕に伴い飛散する可能性がないように、工事業者と相談してください。建材に木材を使う場合は合板などの化学物質の揮発がない製品を避け、ホルムアルデヒドなどの化学物質の揮発がない製品を選んでください。基本は天然木ですが、木材の種類によっては注意が必要です。シックスクールの児童生徒は、ヒノキに含まれるヒノキチオールに反応する場合もあります。

近年は特に、校舎の耐震工事は欠かせなくなっています。いつ起きるかわからない地震災害への備えはとても大切ですが、シックスクールの児童生徒のことも十分配慮して進めてほしいものです。私が相談を受けた時は、できる限り接着剤を使わないこと、換気をするなどの空調管理をしっかりすること、設計者や工事関係者と話し合うようにアドバイスしました。すると、工事期間中もシックスクールの児童生徒の体調は悪化せず、工事後も元気に通学できたそうです。(p48参照)。

シックスクールの児童生徒には、耐震工事のために通学できないかもしれないという脅威を感じています。

第3章 シックスクール対策百科～シックスクールは防げる～

保護者は、必ず学校や工事関係者に事情を話し「子どもを守る方法はあるはず」と思って行動してください。症状には差がありますが、少なくとも無事に耐震工事を乗り切れた子どもがいたことは、知っておいてほしいと思います。

ガラス清掃	
⚠ 発症の原因	ガラスクリーナーの界面活性剤など
✚ 対策	水とゴムで拭く／合成洗剤は使わない

児童生徒の手では届かない場所のガラスを、業者委託して清掃している自治体も多いのではないでしょうか。ガラスクリーナーなどの合成洗剤に含まれる界面活性剤により、シックスクールの児童生徒の体調が悪化するケースがあることをほとんどの清掃業者は知りません。場合によっては、シックスクールを新たに発症する可能性があることを知らせなければなりません。

安易に合成洗剤などを使わないように、清掃業者に話しましょう。水とゴムのみを使用し、どうしても落ちない場合に限り、ガラスの外側（校舎の外にある面）のみ最小限の使用をお願いするのです。内面（校舎の内側の面）は、せいぜい湯水で汚れを落とすまでにとどめます。学校が真に安全な場所であることは、とても大切なことです。

学校の工事

日常的な修繕など

⚠ 発症の原因	塗装剤／接着剤など
✚ 対策	化学物質の安全性に配慮された塗料などを使う

ジャングルジムなどの塗装がはがれたり、フェンスが破れたりするなど、歳月を重ねた学校はいたるところで傷みが出てきます。小さな傷みには応急処置で対応し、何とか数年間はもたせる学校が多いのが実情かもしれません。

その中で時々問題になるのが、学校職員の中の器用な人が行なう簡便な修繕です。どこかを塗装するだけなら、プロ顔負けの仕上がりにできる方もいるでしょう。しかし工事業者であれば、学校からの要望があれば、作業をする上での安全性への配慮が必ずあります。比較的高価にはなりますが、鉛フリーの塗料やVOCsに配慮した塗料などの製品を選ぶはずです。作業中の児童生徒の安全や、作業のタイミング（児童生徒が校内にいるうちに塗装工事をしないなど）も考慮する

はずです。

学校職員という子どもに近しい存在であればあるほど、むしろプロ以上に子どものことを考えなくてはならないはずです。できれば工事業者に、シックスクール対応策を聞くなどしてください。今いる児童生徒のためだけでなく、その先に受け継がれて行く世代のためにも……。

文科省は2012年（平成24）1月、「健康的な学習環境を維持管理するために」という冊子を発行しました。

シックスクール（冊子では「シックハウス症候群」と表記）の基礎知識や、行政がこれまで行なってきた対策などがまとめられています。学校の施設を整備する上で、参考になると思います。

学校の工事

■ おわりに

「スクールエコロジー研究会」がシックスクールの研究を始めてから1年近くが過ぎようとした2004年(平成16)1月、フロアーポリッシュ(ワックス)業界の関係者や医師、国の特別委員などからなる会合に参加した私は、こう述べたことがあります。

「体育館は、運動だけをする場所ではありません。卒業式や入学式などの行事にも、体育館を使います。(シックスクールを発症した)子どもたちが、体育館に入れないのはあまりに可哀想です。安全なワックスを作っていただきたい」と。

その後、2007年1月13日に群馬県が主催するシンポジウム「シックハウスと有機リン問題の最前線」が開催されたり、群馬県内で有機リン農薬の空中散布の自粛要請が出されたりするなど、いろいろなことがありました。個人的にも、自宅近くで無人ヘリが農薬を散布したこと、学校で有機リン入りのワックスが塗布されたことなどにより、私自身にも症状が出たのです。自分の身に起きたことから、シックスクール問題は想像の域を超えた「現実」になりました。私が今、こうして文章を綴ることができるのは、様々なご指導をいただいた青山美子医師や、シックスクールについて学ぶ中で出会った患者の方々のおかげです。発症した子どもたちの親たちはこう言います。

「シックスクールの症状は、全く平気でいた人が突然、発症する。だから警鐘を鳴らすのに、多くの人にはそれがわからない」

「化学物質に過敏な人が嫌だと感じたものは、つまるところ、全ての人にとってマイナスになるものです。だから私たちの声に耳を傾けて、私たちのようにならないで。学校の子どもたちを守ってあげて」

私も学校事務職員として、かつては有機リンの入ったワックスを率先して塗っていましたし、紙だけでなくガ

200

おわりに

ラスにも書ける油性マジックの方が水性マジックより性能がいいと思っていました。

「あなたは今まで、何をしてきたのですか？」

と問われれば、頭を垂れるしかありません。だからこそ「今後は絶対に一人も発症させない」と決意し、活動を行なってきました。

それでも、本書がシックスクールの全てを網羅しているわけではないことは、本書を手にした方、特に発症された方ならば感じることでしょう。私は医師でもなければ、研究者でもありません。ただ私は、学校にあって"未来を生きる子どもたち"を守る立場を、貫かなければなりません。一人ひとりの状況も症状も異なっていることを認識しつつ、今、自分ができる中で、学校現場でのシックスクールの実情を述べ、その対策について書かせていただきました。もっと優れた方法があれば、御教示いただければ幸いです。

一人、また一人と、シックスクールへの「理解」が深まり、行動になった結果として、化学物質の不安のない学校・家庭・地域ができたら、どんなに素晴らしいことでしょう。

小さき命のために、すべきこと、できることを本書の中から見つけ出し実践していただくことを、心から願ってやみません。

最後になりましたが、本書の出版にあたり、出版の許可をくださった教育委員会と勤務校校長、推薦の言葉をくださった宮田幹夫先生、上梓までの道筋をつくり編集制作にあたっていただいた（社）農山漁村文化協会のみなさん、ならびに（株）農文協プロダクションの阿久津若菜氏、イラストの真貝有里氏、草案の時からお世話になり今回マンガを描いていただいた黒田いずま氏に、心から感謝します。

2013年2月

著者

〈著者紹介〉

近藤　博一（こんどう　ひろかず）

群馬県学校事務職員。2004～2005年度にかけて、群馬県教育委員会認可の自主研究会「スクールエコロジー研究会」にて、シックスクール問題の調査検討と報告をまとめる（2006年以降、同研究会は任意グループとして活動を継続）。著者らの活動もあり、2006年に群馬県知事が有機リン農薬の空中散布自粛を要請することになった。現在も、シックスクール問題について理解を深め、対策を広める活動を精力的に行なっている。

知っていますか？

シックスクール
化学物質の不安のない学校をつくる

健康双書

2013年3月25日　第1刷発行

著　者　　近藤　博一

発行所　　社団法人　農山漁村文化協会

〒107-8568　東京都港区赤坂7丁目6-1
TEL 03-3585-1141（営業）　TEL 03-3585-1145（編集）
FAX 03-3585-3668　振替 00120-3-144478
URL http://www.ruralnet.or.jp/

ISBN 978-4-540-11158-7
〈検印廃止〉
©近藤博一2013　Printed in Japan

編集制作　（株）農文協プロダクション
印　刷　　（株）平文社
製　本　　根本製本（株）

定価はカバーに表示。乱丁・落丁本はお取り替えいたします。
本書の印刷にはすべて植物油インクを使用しています。

― 農文協・図書案内 ―

アレルギーっ子の入園・入学安心マニュアル
給食、体育、あそびから緊急時の対応まで
佐守友仁著　1238円+税

安心・安全な集団生活にするために、入園・入学に際してすべき準備と対応策を詳述。文書例付き。

先輩ママのアレルギーっ子育児
食事や生活管理、集団生活、おつきあいの工夫
佐藤のり子著　1400円+税

重症ぶりに苦労しながらも明るく暮してきた家族の体験記。先輩ママの暮らし&子育てヒント満載。

図解 脱ステロイドのアトピー治療
松田三千雄著　1238円+税

副交感刺激のアイロン療法、漢方薬、「だしまじめ」でリバウンド対策、アトピー完治をめざす。

図解 アトピー 食と薬でスキンケア
田中貴子著　1238円+税

なぜかゆい？　どうすればいい？　入浴法、薬の塗り方から食生活まで、日常のケアを基本から解説。

クルック博士のアレルギー読本
W・G・クルック著／松村龍雄監訳／軽部幸治訳　1238円+税

親が子に読み聞かせるアレルギーの本。原因、療法、治療食の作り方などイラストで分りやすく。

家庭でできる漢方2　子どものアトピー
仙頭正四郎著　1143円+税

チェックシートでわが子の原因とタイプを診断。漢方・衣食住の改善で体の乱れを整え内側から治す。

農文協・図書案内

化学物質過敏症　家族の記録
小峰奈智子著　1238円+税

日常接する化学物質が招く、効果的治療法なき現代病。実態と快方への糸口を綴る初の体験手記。

人間エコロジーと環境汚染病
セロン・G・ランドルフ著／松村龍雄他訳　1362円+税

化学物質に起因する慢性病を"臨床エコロジー"という新しい医学で摘出した公害医学の先駆書。

こうして直すシックハウス
エコ・リフォーム　賃貸から持ち家まで
船瀬俊介著　1524円+税

農薬・環境ホルモンなど化学物質まみれの住宅を改善。危険度チェックと安心建材の利用法。

あなたにもできる　住まいのエコ・リフォーム
浅生忠克著　1333円+税

障子・襖の張り替え、壁・床のリフォーム、エコ畳、網戸、床下まで。エコ素材入手先一覧付。

木の家リフォームを勉強する本
「木の家リフォーム」プロジェクト編　1800円+税

エコで耐震、シックハウス対策も。これからのリフォームとは。「住宅医」とつくる安心の住まい。

ミネラルの働きと人間の健康
渡辺和彦著　1600円+税

現代病を引き起こすミネラル不足。何をどう食べればよいか？最新研究をわかりやすく紹介。

校　庭　→本文 121〜128ページ

⚠ 発症の原因：除草剤・殺虫剤などの農薬
✚ 対策：農薬を使わない／人力・機械で、草むしりをする／害虫はコモ巻きで防ぐ・捕殺するなど

プール　→本文 180ページ

⚠ 発症の原因：プールや腰洗い漕の殺菌剤
✚ 対策：余分な殺菌剤を使わない／参加を免除するなど